V&R

Christian Hawellek

Entwicklungsperspektiven öffnen

Grundlagen beobachtungsgeleiteter
Beratung nach der Marte-Meo-Methode

Mit einem Vorwort von Arist von Schlippe

Mit 31 Abbildungen und 11 Tabellen

Vandenhoeck & Ruprecht

Mit 25 Illustrationen von Elisabeth Gube

Bibliografische Information der Deutschen Nationalbibliothek

Die Deutsche Nationalbibliothek verzeichnet diese Publikation in der Deutschen Nationalbibliografie; detaillierte bibliografische Daten sind im Internet über http://dnb.d-nb.de abrufbar.

ISBN 978-3-525-40217-7
ISBN 978-3-647-40217-8 (E-Book)

Umschlagabbildung: elsone/photocase.com

© 2012, Vandenhoeck & Ruprecht GmbH & Co. KG, Göttingen /
Vandenhoeck & Ruprecht LLC, Bristol, CT, U.S.A.
www.v-r.de
Alle Rechte vorbehalten. Das Werk und seine Teile sind urheberrechtlich geschützt. Jede Verwertung in anderen als den gesetzlich zugelassenen Fällen bedarf der vorherigen schriftlichen Einwilligung des Verlages.
Printed in Germany.
Satz: SchwabScantechnik, Göttingen
Druck und Bindung: ⊕ Hubert & Co., Göttingen

Gedruckt auf alterungsbeständigem Papier.

Inhalt

Vorwort von Arist von Schlippe 7

1 Einleitung 11

2 Kernelemente professioneller Beratung 13
 2.1 Auftragsklärung 14
 2.2 Charakteristische Abläufe von Beratungsprozessen 16
 2.3 Zwischen Sicherheit und Neugier –
     die beraterisch-therapeutische Beziehung 18
 2.4 Das erzählte »Problem«:
     Wirkungen und Nebenwirkungen 20
 2.5 Eine Metaperspektive: Wie aus Beobachtungen
     Geschichten werden 26

3 Von den Problemgeschichten zur
 beobachtungsgeleiteten Beratung 34
 3.1 Methodische Grundlagen
     beobachtungsgeleiteter Beratung 37
 3.2 Leitperspektiven für unterschiedliche Zielgruppen 41
 3.3 Leitperspektive: Entwicklung unterstützen 44

4 Vor-Bilder: Entwicklungsunterstützende Dialoge 50
 4.1 Die Struktur entwicklungsunterstützender
     Kommunikation 50
 4.2 Die Dynamik entwicklungsunterstützender Dialoge ... 52
 4.3 Grundformen entwicklungsunterstützender
     Kommunikation 54
 4.4 Entwicklungsunterstützende Kommunikation und
     kindliche Erfahrungswelten 61
 4.5 Entwicklungsunterstützende Kommunikation und
     die Öffnung von Erfahrungsräumen 67

4.6 Entwicklungsunterstützende Kommunikation und
klinische Konzepte 74

**5 Unterstützung entwickeln: Beobachtungsgeleitete
Erziehungs- und Familienberatung** 84
5.1 Videobeobachtungen 85
5.2 Videointeraktionsanalysen 87
5.3 Videoberatungen 94
5.4 Beobachtungsgeleitete Entwicklungsförderung
und Psychotherapie 115

6 Schluss 120

**Anhang A: Orientierungshilfen für
Videointeraktionsanalysen (VIAS)** 122

Anhang B: Mustervereinbarungen 132

Literatur 134

Webadressen 139

Vorwort

Die Fähigkeit des Menschen, sich selbst zu beobachten und daraus zu lernen, ist vermutlich recht alt, wenn auch wohl lange nicht so alt wie die Menschheit selbst. Denn – wir wissen dies natürlich nicht genau – es wird einige Zeit gedauert haben, ehe Menschen sich über Sprache so weit koordinieren konnten, dass es ihnen möglich wurde, ein explizites Bewusstsein zu entwickeln. Doch nicht nur das, sie mussten auch ein Bewusstsein über dieses Bewusstsein entwickeln, also wissen, dass sie ein Bewusstsein »haben«, und damit, dass auch der Andere über eines verfügt. Diese Vorgänge, für die das Vorhandensein von Sprache eine Bedingung ist, sind die Grundlage für das, was »theory of mind« genannt wird: die Fähigkeit, sich in andere Menschen hineinzuversetzen, eine Idee davon zu haben, dass sie sich ebenfalls bewusst in dieser Welt bewegen. Erst so wird es möglich zu verstehen, dass das Handeln des Anderen in dessen Erfahrungen, Überlegungen und Motiven wurzelt. Und erst wenn er dies weiß, wird es einem Menschen möglich, sich seinerseits zu beobachten und seine eigenen Erfahrungen, Überlegungen und Motive zum Gegenstand von Beobachtung und Reflexion zu machen – und nur mit diesen Fähigkeiten ist Psychotherapie als systematische Form der Selbstbeobachtung denkbar.

Über lange Zeit stand für die beschriebenen Prozesse nur die Sprache als Werkzeug zur Verfügung, anfangs sogar nur die gesprochene. Die großen Erfindungen der Menschheit, die Schrift und der Buchdruck, brachten die Möglichkeiten der Selbstreflexion dann in großen Sprüngen voran. Anders als allein durch die gesprochene Sprache war es nun möglich, Wissen unabhängig von der unmittelbaren Beziehung zweier Personen weiterzugeben. Über Schrift konnten nun auch räumlich Abwesende zeitlich versetzt kommunizieren und man konnte die Gedanken von Menschen, die vor hundert Jahren lebten, nutzen, um über sich selbst nachzudenken. Der Buchdruck potenzierte anschließend gar die Möglichkeiten der Weitergabe von

Wissen und damit die Möglichkeiten, wie Menschen sich mit den inneren und äußeren Welten anderer Menschen, der Autoren, auseinandersetzen konnten. Und im Medium des Computers beginnen nun Maschinen mit einem eigenen Gedächtnis und eigener Dynamik, sich an der gesellschaftlichen Kommunikation zu beteiligen. Mit dem Computer stehen wir vor der »nächsten Gesellschaft«, wie der Friedrichshafener Soziologe Dirk Baecker[1] schreibt, deren Qualitäten wir noch gar nicht genau abschätzen können. Wir werden mit Informationen überschüttet, ohne einschätzen zu können, welches Wissen wissenswert ist, zugleich erreicht jede Information blitzschnell fast jeden Winkel der Welt. Für die überlieferten Formen, wie eine Gesellschaft gemeinschaftlich erzeugten Sinn verarbeitet, bekommen diese Veränderungen, Schrift, Buchdruck und Computertechnologie, jeweils den Charakter einer »Katastrophe«, wie Baecker schreibt: Die Gemeinschaft der Menschen muss die Art ihres Zusammenlebens mit jeder Revolution jeweils grundlegend verändern.

Wenn man diese Überlegungen aufgreift und sie auf die Psychotherapie bzw. auf alle Formen der professionellen Beratung bezieht, dann wird deutlich, dass diese noch vergleichsweise junge Kulturtechnik über Jahrzehnte in Sprache und Schrift verwurzelt war und ist: Im Gespräch, in der Begegnung zwischen Rat suchender und Rat gebender Person entstehen neue Möglichkeiten. Ratsuchende können sich mit sich selbst anders auseinandersetzen als gewöhnlich und sich im Spiegel des Gegenübers auf eine neue Weise selbst beobachten, um sich über sich selbst klarer zu werden. Der Gegenstand der gemeinsamen Aktivität besteht dabei in Erzählungen, es sind Erzählungen über die persönliche Geschichte und die persönlichen Notlagen, in denen sich der Ratsuchende befindet, und im Gespräch entstehen neue Überlegungen, neue Erfahrungen und damit heilende Prozesse. Die therapeutische Begegnung und die sich darin entfaltende Beziehung sind dabei schulenübergreifend als wesentliches Moment therapeutisch induzierter Veränderung anerkannt: Ein Mensch bezieht sich im Gespräch direkt auf den Anderen und lernt sich so sprechend und reflektierend besser, anders kennen.

---

1 Baecker, D. (2007). Studien zur nächsten Gesellschaft. Frankfurt a. M.: Suhrkamp.

Und auch hier zeichnet sich seit einigen Jahren eine Veränderung ab. Mit der Erfindung und Popularisierung der Videotechnik zieht in das therapeutische Gespräch ein Aspekt ein, von dem die Mütter und Väter der Psychotherapie keine Ahnung haben konnten: An die Stelle der berichteten Erfahrung tritt das Video, an die Stelle der Erzählung der Film über die konkrete Erlebenswelt, über die gesprochen wird. Vielleicht werden Psychotherapeuten und Psychotherapeutinnen der Zukunft über die sich abzeichnenden Veränderungen im Rückblick auch einmal sagen, dass sie den Charakter einer dramatischen »Katastrophe« hatten, weil sie das Denken über beraterische Möglichkeiten und therapeutische Wirkmechanismen ganz grundlegend verändert haben. Wie weit diese Veränderungen greifen werden, können wir heute noch nicht ermessen. Sicher werden die zentralen Momente therapeutischer Beziehungsgestaltung nicht an Gültigkeit verlieren, wird die Grundlage einer vertrauensvollen und tragfähigen persönlichen Beziehung nach wie vor Voraussetzung therapeutischen Arbeitens bleiben. Doch zugleich verändert sich der Fokus beraterischer Arbeit: Berater/Beraterin und Klient/Klientin sitzen nebeneinander und schauen gemeinsam auf den Bildschirm, auf dem sich die »Erzählung« der problembeladenen Geschichten ganz konkret entfaltet. Zugleich treten dem geschulten Betrachter die einer Erzählung noch nicht zugänglichen Ressourcen unmittelbar vor Augen, Chancen für die Einführung konstruktiver Beschreibungen in problematische Geschichten. So tritt die konkrete Alltagswelt viel stärker in das Behandlungszimmer ein, die Erzählung ist viel näher an ihr »dran«.

Für diese veränderten Blicke braucht es veränderte therapeutische Strategien und Methoden. Denn die neuen Formen sind nicht sozusagen vollautomatisch schon entwicklungsfördernd. Vielmehr brauchen Berater und oder Therapeut ein spezifisches Wissen, wie das Medium auf eine Weise genutzt werden kann, dass die Chancen der vertieften Selbstbeobachtung optimal genutzt werden. Der konkrete Blick macht es leichter, aus dämonisierenden Beschreibungen herauszutreten und neue Möglichkeiten unmittelbarer wahrzunehmen, den »Möglichkeitssinn« also, von dem Robert Musil einmal schrieb, lebendig werden zu lassen.

In diesem Sinn sind Sie als Leserin oder Leser vielleicht Zeuge einer aufregenden Weiterentwicklung unserer Behandlungsmöglichkeiten. Ich sehe dieses Buch als einen wichtigen Markierungspunkt dieser professionellen Entwicklung. Es fasst eine große Zahl von bereits vorhandenen therapeutischen Fertigkeiten im Umgang mit dem neuen Medium zusammen. Der Autor, ein erfahrener Kliniker und Berater, ergänzt und erweitert sie in gut lesbarer und sehr praxisnaher Weise, indem er sich auf seinen breiten Wissensfundus bezieht. Da ich Christian Hawellek seit Jahrzehnten persönlich sehr gut kenne, ist es mir eine Freude und Ehre, dieses Vorwort zu schreiben. Ich bin sicher, dass jede Leserin und jeder Leser von der Lektüre dieses Werkes profitieren wird.

Arist von Schlippe

1 Einleitung

In den letzten Jahrzehnten hat sich im Bereich der professionellen Beratungsarbeit – offenbar nahezu unbemerkt oder zumindest noch nicht breiter diskutiert – ein bedeutsamer Wandel vollzogen. Dies gilt für viele Bereiche der psychosozialen Beratung wie Erziehungs- und Familienberatung, Paar- und Eheberatung sowie verschiedenen Arbeitsfelder der Jugend- und Altenhilfe, bei denen Beratung ebenfalls eine wichtige Rolle spielt. Die Rede ist von der zunehmenden Ausbreitung der videobasierten, das heißt beobachtungsgeleiteten Beratungsarbeit. Mit der Entwicklung und Verbreitung der Videotechnik wurde es ab Anfang der 1970er Jahre erstmals möglich, den Klienten in professionellen Beratungskontexten Gelegenheit zur Selbstbeobachtung anzubieten.

Eine solche Erweiterung des Beratungssettings erfordert grundlegende Veränderungen im (Selbst-)Verständnis von Beratung auf der einen und der Rollen von Ratsuchenden und Beratern auf der anderen Seite. In den einschlägigen Fachdiskursen ist den damit einhergehenden Veränderungen bisher eher wenig Aufmerksamkeit gewidmet worden.

Dieses Buch versteht sich als ein Beitrag dazu, diese Diskussion anzuregen. Nach einem einleitenden Teil bietet das 2. Kapitel eine kurze Übersicht über die Kernelemente professioneller psychosozialer Beratung im Allgemeinen. Die weitere Darstellung geht der Frage nach, wie aus problematischen Erfahrungen von Klienten Problemgeschichten werden, die dann die Themen von Beratungen bilden.

Im 3. Kapitel werden die Wege untersucht, die vom erzählten Problem zum beobachteten Problem beschritten werden können. Es werden wesentliche methodische Grundfragen und Grundlagen beobachtungsgeleiteter Beratung beschrieben. Beobachtungsgeleitete Beratung erweist sich als ein eigenes professionelles Genre, das zwar an viele bewährte und Beratungs- und Gesprächsführungsprinzipien anknüpft, an entscheidenden Punkten aber darüber hinausführt. Dabei wird insbesondere das Verhältnis zwischen Beobachtungen und den Geschichten und Erfahrungsberichten »über« die Beobachtungen betrachtet.

Im 4. Kapitel werden die Modellvorstellungen und Hintergrundkonzepte beobachtungsgeleiteter Beratung am Beispiel der Marte-Meo-Methode, der derzeit wohl bedeutsamsten videobasierten Beratungsform, verdeutlicht. Hier gilt ein besonderes Augenmerk den Erfahrungs- und Lernmöglichkeiten, die entwicklungsunterstützende Dialoge allen daran Beteiligten eröffnen.

Das 5. Kapitel gibt einen Überblick über die Methode beobachtungsgeleiteter Beratung. Dabei steht das konkrete Vorgehen – Vorklärung, Videobeobachtung, Videointeraktionsanalyse und Videoberatung – im Fokus des Interesses. Einzelne Beispiele aus der beobachtungsgeleiteten Erziehungs- und Familienberatung illustrieren die methodischen Kernaspekte.

In Anhang finden sich Orientierungshilfen für Vereinbarungen über beobachtungsgeleitete Beratungen und zur Erstellung von Videointeraktionsanalysen bei bestimmten Klientengruppen und Fragestellungen.

2 Kernelemente professioneller Beratung

Beratung kann unter formalen oder inhaltlichen Gesichtspunkten betrachtet und diskutiert werden. Die nachstehende Darstellung hebt formale Aspekte hervor, die für Beratung im Allgemeinen, also sowohl für konventionelle wie für beobachtungsgeleitete Beratungen, gelten.

Jede professionelle Beratung ist eine Dienstleistung und beruht, formaljuristisch betrachtet, auf einem Vertrag zwischen dem Berater[1] bzw. seinem Arbeitgeber als Dienstleister und dem Ratsuchenden, als dem Auftraggeber der Beratung. Beratungsanliegen und -wünsche entstehen da, wo professionelle Hilfen zur Problemklärung und -bewältigung gesucht werden. Im psychosozialen Bereich können »Probleme« allgemein als »veränderungsbedürftige Lebensweisen« charakterisiert werden, die zu Themen sozialer Systeme (Ludewig, 1992, S. 116) werden.

Um eine Beratung beginnen zu können, muss zunächst eine Klärung des Beratungsauftrages stattfinden, denn dieser bildet die Grundlage für einen Kontrakt über die Voraussetzungen, Bedingungen, Ziele und Vorgehensweisen der jeweiligen Beratung.

Die Bedeutung einer sorgfältige Auftragsklärung und des »Contracting« wurde insbesondere auch von Vertretern der Systemischen Beratung und Therapie hervorgehoben. In der nachstehenden Darstellung liefert von Schlippe (2003) eine Übersicht über die einzelnen Klärungsschritte vom Beratungsanlass über das Anliegen der Klienten hin zu einer Vereinbarung über eine auf die Bedürfnisse des Klienten und die Möglichkeiten der Berater zugeschnittene Beratung.

Die jeweiligen Fragen helfen dabei, den Prozess vom Beratungsanlass zum Beratungskontrakt zu präzisieren und zu strukturieren.

---

1 In diesem Text werden aus Gründen der Einfachheit und Schreibökonomie die männlichen Bezeichnungen genutzt.

Auftragsklärung

Vom Anlass über das Anliegen zum Kontrakt

1. Anlass: »Was führt Sie her?«
- Was führt Sie her, gab es einen Auslöser?
- Warum gerade jetzt?

2. Anliegen: »Was möchten Sie hier?«
- Problemdefinition (u. U. auch von Nicht-Anwesenden zirkulär erfragen), bei vielen Problemen Prioritäten: Welches ist das wichtigste für Sie, für sie, für dich?
- Problemerklärung: Was vermuten Sie, woran es liegt?
- Katastrophenfantasien: Was ist Ihre schlimmste Befürchtung?
- Lösungsversuche: Was haben Sie bisher versucht?
- Lösungsideen: Was sollte hier passieren?

3. Auftrag: »Was wollen Sie dabei von mir?«
- Was soll heute hier geschehen?
- Was soll am Ende der Therapie geschehen sein, dass Sie sagen: Es hat sich gelohnt?
- Was genau wollen Sie dabei von mir?
- Wer sonst aus dem Problemsystem (anwesend oder nicht anwesend) möchte etwas von mir – und was genau? Möchten Sie das auch? Wie gehen wir mit einer evtl. Diskrepanz um?

4. Kontrakt: »Was biete ich an?«
- Das habe ich verstanden (zusammenfassen).
- Wertschätzung von jedem Problemsystemmitglied: Jeder hat ein gutes Motiv.

- Abgrenzung: Das können wir hier in der Institution/kann ich mit meinen Mitteln leisten, das – zumindest in dieser Form – nicht, aber:
- Angebot: Das kann ich Ihnen anbieten:
  - verstehen, was das Problem bedeutet;
  - mit Ihnen gemeinsam nach Lösungen suchen;
  - Sie dabei fachlich und persönlich unterstützen;
  - Kooperationsbeziehung: Dazu brauche ich Ihre Ideen und Ihre Hilfe.
- Ankündigen von verschiedenen Stadien, auch von möglichen Turbulenzen, Wertschätzung für Nichtänderung – z. B. bis zum nächsten Mal.
- Äußerer Rahmen (vorläufige Sitzungsanzahl, Ort, Geld usw.).

5. (Zwischen-)Bilanz: »Wo stehen wir jetzt?«
- War es bisher ein guter Weg? Sind Sie/bist du zufrieden?
- Bin ich zufrieden?
- Neue Ideen, Wünsche, modifizierter Kontrakt.

Ein solcher Leitfaden bietet Orientierung über eine Schrittfolge bedeutsamer Unterscheidungen, die erfahrungsgemäß den Aufbau einer tragfähigen, respektvollen und transparenten Arbeitsbeziehung begünstigen. Überdies ermöglichen diese Unterscheidungen eine zunehmende Differenzierung der jeweiligen Problembeschreibungen. Schließlich eröffnen sie den Blick auf das in der Beratung jeweils Mögliche. So gesehen eröffnet der Leitfaden ebenfalls eine Bahnung von Lösungskonstruktionen oder, präziser formuliert, Ko-Konstruktionen der jeweils konkreten Beiträge von Klienten und Beratern zu einem konstruktiven Beratungsverlauf.

Im Beratungsauftrag werden Sinn, Ziele und Themen der Beratung ebenso wie einzelne Verabredungen über das jeweilige Beratungssetting konkret.

```
Berater ▶ Vereinbarung über Beratung ◀ Klient
              ▼
         Auftrag/Kontrakt
              ▼
    Beratungsziele, -themen, -settings
              ▼
         (Zwischen)Bilanzen
              ▼
         Modifizierte Kontrakte
              ▼
             Abschluss
           ggf. Follow-up
```

Zwischenbilanzen sichern einen Dialog über Verlauf und Fortschritte der Beratung und die Zufriedenheit der Klienten und Berater. Sie können die Basis für modifizierte Zielsetzungen und entsprechende Veränderungen des aktuellen Kontraktes bilden.

2.2 Charakteristische Abläufe von Beratungsprozessen

Nach den Kontraktgesprächen, durch die Rahmenbedingungen, Ziele und Verantwortlichkeiten geklärt worden sind, stehen in den Anfängen von Beratungen in der Regel zunächst auf das jeweilige Problem gerichtete Explorations- und Klärungsprozesse im Vordergrund. Erst danach und daraufhin erfolgen die beraterischen Interventionen. Gegen Ende von Beratungsverläufen sind eher gemeinsame Bilanzierungen und Ausblicke in die Zukunft bedeutsam.

Damit lassen sich Beratungsprozesse in einer groben Skizze charakterisieren als Abfolgen von:

> Joining ▶ Klärungsphase ▶ Interventionsphase ▶ Bilanzierung/
> Ausblick

Das, was für den gesamten Beratungsverlauf gilt, trifft – sozusagen in Miniform – auch für jedes einzelne Beratungsgespräch zu. Die Initialphase eines Beratungsgespräches ist zunächst davon geprägt, Anschluss an die aktuelle Situation des Klienten zu finden (Joining). Der erste Schritt für die Initialphase ist eine gute Atmosphäre und ein positiver Kontakt zur Person des Klienten. In einem nächsten Schritt ist es bedeutsam, Anschluss an die gemeinsame Situation und das gemeinsame Thema zu finden und so eine Orientierung herzustellen über das, was geschehen kann, und damit für eine klare Struktur zu sorgen. Die weitere Beratung zielt darauf ab, mittels hilfreicher Interventionen die Klienten bei der Problemklärung und -bewältigung zu unterstützen. Eine Beratungsstunde schließt zumeist mit einer Bilanzierung der gemeinsamen Arbeit und – damit verbunden – einem Ausblick auf mögliche weitere Schritte ab.[2]

Beratungsprozesse zielen auf eine Ressourcenaktivierung der Klienten sowie auf eine möglichst eigenaktive Form der Problembewältigung ab. Die Berater haben die Rolle, diese Prozesse anzustoßen, zu unterstützen, zu begleiten und zu beenden.

Eine notwendige Voraussetzung für ein Gelingen von Beratungen ist eine stabile und vertrauensvolle Beziehung[3] zwischen Beratern und Klienten.

---

2   Bei diesen Darstellungen handelt es sich um heuristische Vereinfachungen. Die dargestellten Phasen gehen in der Beratungspraxis ineinander über. Die jeweiligen Schritte bilden eher Orientierungspunkte, die erfahrungsgemäß in bestimmten Prozessphasen Schwerpunkte bilden.
3   In diesen Beschreibungen lassen sich die von Grawe (1995) postulierten allgemeinen Wirkprinzipien von Psychotherapie wiederfinden (s. Kap. 5.4). An dieser Stelle soll kein weiterer Beitrag zur Unterscheidung von Beratung und Therapie im Allgemeinen geliefert werden, zumal derartigen Diskursen meist eher eine sozialrechtliche denn eine systematische Bedeutung zukommt.
    Für den Kontext dieses Buches wird daher vorgeschlagen, therapeutische Gespräche als eine Sonderform von Beratung zu betrachten.

2.3 Zwischen Sicherheit und Neugier – die beraterisch-therapeutische Beziehung

Eine vertrauensvolle Beratungsbeziehung bildet die Voraussetzung und damit den Boden dafür, dass Interventionen fruchtbar werden können. Welter-Enderlin und Hildenbrandt (1998) sprechen in diesem Zusammenhang von einer »Metastabilität« der Beziehung, d. h. einer Stabilität, die auch verstörende Interventionen oder Konfrontationen absichert und damit wirksam werden lässt.

Wie beim zwischenmenschlichen Entwicklungsgeschehen im Allgemeinen vollziehen sich auch die beraterisch-therapeutischen Prozesse in der polaren Dynamik von Stabilität und Wandel (s. a. Kap. 4.4). Wie bereits aus der Bindungsforschung bekannt (Grossmann u. Grossmann, 2004), setzt ein positives, neugieriges Explorationsverhalten eine stabile Beziehung bzw. Bindung zu den Bezugspersonen bzw. Elternfiguren voraus. Dies gilt ebenfalls für beraterisch-therapeutische Beziehungen, Erkundungen und Interventionen. Daher wählen Welter-Enderlin und Hildenbrandt zur Beschreibung einer sicheren Basis in beraterisch-therapeutischen Beziehungen die Bezeichnung einer »metastabilen« Beziehung, die jenseits von Verunsicherungen die Erfahrung von Sicherheit vermittelt. Nachfolgend wird dieser Zusammenhang für Interventionen verdeutlicht. In Tabelle 1 werden diejenigen Faktoren beschrieben, die zu einer vertrauensvoll-stabilen Berater-Klient-Beziehung beitragen.

Das Vorhandensein dieser Faktoren begünstigt das Zustandekommen sowie die Aufrechterhaltung einer Beziehungserfahrung von Sicherheit.

Auf dieser Grundlage werden konfrontative Interventionen sowie die Erzeugung von Neugier und Spannung leichter möglich. In Tabelle 2 werden einige Interventionen aus dem reichhaltigen Fundus der systemischen Beratungsarbeit (von Schlippe und Schweitzer, 2009) genannt, die erfahrungsgemäß vorübergehend verstörend auf die Klienten wirken können.

Selbstverständlich sind diese Interventionen nur Beispiele für eine ganze Fülle verwandter und ähnlicher Interventionsmöglichkeiten aus der systemischen, humanistischen und integrativen Bera-

Tabelle 1: Begünstigende Faktoren für eine Metastabilität der Beratungsbeziehung

Beraterisch-therapeutische Haltung	Struktur/ Orientierung	Kommunikation
Wertschätzung	klare Rahmenbedingungen	positive Atmosphäre
Ressourcenorientierung	Orientierung zu Zeit, Raum, Setting, Methoden	Anschluss finden, Joining, »Small Talk«
Entwicklungsorientierung	Transparenz im Vorgehen	Empathie, Feinfühligkeit
Lösungsorientierung	Kontraktorientierung	Spiegelung von Verständnis
Respekt	Rollenklarheit, Vorhersehbarkeit	Affektabstimmung, affektive Rahmung

Tabelle 2: Beispiele für Interventionen, die eine Entwicklung von Neugier, Spannung und (vorübergehender) Instabilität begünstigen

Hypothetische, zirkuläre Fragen, Lösungs- und Wunderfragen, Dekonstruktion, Skulpturarbeit, Querdenken	Thema fokussieren, »Hidden Agenda«, Unterschiede explorieren, Skalierungsfragen	Metakommunikation, Konfrontation, Reflektierendes Team,	Kontexterweiterung, Reframing, Schlusskommentar, Musterunterbrechung, No-Change-Interventionen, Ritualisierungen

tungs- und Therapiepraxis.[4] Es erscheint überdies sinnfällig, dass Erzeugung von Instabilität ohne sicheren Rahmen zum einen ethisch nicht vertretbar ist und zum anderen zumeist auch keine positiven Effekte erzielt.

---

4   Die Polarität zwischen stabilisierenden und labilisierenden Interventionen lässt sich auch in der Gestalttherapie und Integrativen Therapie als Gegensatzpaar von »Support« und »Skillful Frustration« und in der Psychoanalyse als Gegensatz zwischen »stützendem« und »deutendem« Vorgehen ausmachen.

Eine zu ausgeprägte Vergewisserung von Sicherheit kann in eine Erfahrung von Lähmung führen, die von Klienten wie Beratern ebenfalls bald als unproduktiv empfunden wird.

Die polare Dynamik von Stabilität und Wandel bildet in jedweden Beratungsprozessen einen ganz eigenen Rhythmus und Verlauf, der entscheidend von den Ereignissen und Entwicklungen in den Lebenswelten der Klienten mitgeprägt wird.

Die bisherigen Ausführungen haben die Abläufe in Beratungsprozessen im Allgemeinen zum Thema gehabt. Wenn von Interventionen die Rede war, handelte es sich, einmal abgesehen von erlebnisaktivierenden Interventionen wie beispielsweise der Skulpturarbeit oder Rollenspielen, meist um Interventionen im Medium des *Gespräches* bzw. der therapeutischen *Konversation*. Beratungsgespräche arbeiten auf der Ebene von Bedeutungszuweisungen, z. B. durch ein Aushandeln unterschiedlicher Wirklichkeitsbeschreibungen, oder anders ausgedrückt: Das Beratungsgeschehen bewegt sich auf der Ebene von sprachlich konstruiertem *Sinn*. Das therapeutische Ziel besteht immer darin, die Möglichkeiten des Klienten, seine Optionen zu erhöhen (vgl. von Foerster) und Narrationen zu finden, die zur Problem- und Lebensbewältigung taugen.

2.4 Das erzählte »Problem«: Wirkungen und Nebenwirkungen

Herr, die Not ist groß!
Die ich rief, die Geister, werd ich nun nicht los!
(Goethe, Der Zauberlehrling)

Das Medium der Beratung ist in erster Linie das Gespräch zwischen Klienten und Beratern. Damit rücken die Dialoge und Kommunikationsweisen in den Fokus. Auch nichtsprachliche Methoden wie gestaltende und aktionale Verfahren, die innerhalb der Beratungsarbeit eingesetzt werden, werden im beraterischen Gespräch reflektiert und evaluiert.

Eine in der Beratung gewonnene neue Erfahrung und Erkenntnis wird so wiederum zu einer Geschichte, die erzählt werden kann.

Menschen erzählen Geschichten, in denen sie selbst vorkommen, und verfügen damit durch ihre Erzählweisen auch über alle positiven wie negativen Möglichkeiten erzählerischer Gestaltung von Phänomenen, Ereignissen und Personen. Menschen formen die Geschichten und werden durch sie geformt. Hierin besteht die Kraft der Gespräche wie der Selbstgespräche: in der Erschaffung und (therapeutischen) Gestaltung und Veränderung von Sinn- und Bedeutungslandschaften.

Allerdings bergen sowohl die Sprache selbst wie auch Sprechgewohnheiten der Dialogpartner und daraus geschaffene Sinnstrukturen auch »Risiken und Nebenwirkungen« (Kriz, 2005).

Dort etwa, wo die Sprache durch Nominalisierungen und Generalisierungen Prozesse zu Zuständen erstarren lässt, erschafft sie scheinbare Unveränderbarkeiten. Dies ist beispielsweise der Fall, wenn davon die Rede ist, dass jemand eine psychische Krankheit, z. B. eine Depression, *hat*. Die Depression wird dann zu einem Ding und die Beziehung dazu zu einer Art Besitzverhältnis. Ein derartiges »Besitzverhältnis« kann zu einem sog. Sinnattraktor (vgl. Kriz, 2005) werden.

Es gibt viele Beispiele für die unheilvolle Wirkung negativer Sinnattraktoren, die in den Selbstbeschreibungen von Klienten zu erstarrten Leid-Bildern und nicht zu dynamischen Leit-Bildern werden. Ein gutes Beispiel hierfür ist die Äußerung eines Kindes, dass sich in einer Gruppensitzung mit den Worten vorstellt: »Ich heiße Frank und habe ADHS.« Ganz offensichtlich gehört es zu den Eigenarten von Sprache, eher fixe Tatsachen und Gegebenheiten als Vorgänge, Prozesse oder Abläufe darzustellen. Die Struktur der Sprache selbst hat offenbar auch immanente Eigenwirkungen auf die Zuweisung von Bedeutungen, und damit auf die Erschaffung von Sinn, die Kriz wie folgt charakterisiert:

»Die grammatikalische Struktur unserer Sprache (genauer: des SAE, des Standard Average European, das die europäischen Sprachen bis hin zum Sanskrit umfasst) kann Prozesse nur sehr inadäquat ausdrücken. Stattdessen werden mit Substantiven, Subjekten und Objekten eher Dinge thematisiert. Und wir müssen selbst bei der Beschreibung eines so einfachen Vorgangs, wie beispielsweise dem Regnen, ein Subjekt konstruieren und formulieren: ›es regnet‹. Ähnlich machen wir mit Substantiven wie ›Verhaltensstörung‹ aus Prozessen so etwas wie ein ›Ding‹ und wir treten diesem selbst geschaffenen ›Ding‹ dann auch (fast) so gegenüber, als ob es sich um einen feststehenden Gegenstand handeln würde« (Kriz, 2005, S. 33).

Dann entstehen starre Narrative, die in einer negativen sich selbst erfüllenden Prophezeiung auf den Erzählenden und sein soziales Umfeld zurückwirken. Auch die sozialen Umgebungen und Milieus erzeugen kulturspezifische Beschreibungsmuster, »symbolische Sinnwelten« (Berger u. Luckmann, 1972), die gesellschaftliche Wirklichkeiten produzieren und reproduzieren. Auf diese Weise sind Menschen zugleich Schöpfer und Geschöpf von Sprache und kommunikativem Handeln.

In jedem Fall ist die Sprache unhintergehbar: »Sprache ist ein Teil unserer Persönlichkeit und Identität. Sie entwickelt sich in unserem Selbsterleben und in der Art und Weise, welche kommunikativen Erfahrungen wir in verschiedenen Gruppenzugehörigkeiten machen. Wir brauchen Sprache, um Probleme zu lösen, um uns zu erinnern, um unsere Erfahrungen zu verarbeiten, Zusammenhänge zu verstehen, neue Begriffe zu erlernen und uns sozial kompetent zu verhalten« (Isager, 2010). Sprache bildet und entwickelt sich zunächst in den nahen Beziehungen, in und durch Kommunikation und die damit verbundenen Erfahrungen. Dies gilt auch dort, wo kein direktes Gegenüber zur Verfügung steht, etwa in den Selbstgesprächen, für die sich die Psychotherapie interessiert. Ein Teil der psychotherapeutischen Arbeit besteht in der Versprachlichung von Ungesagtem, von der Übersetzung von Inszenierungen in Kommunikation (Hawellek, 2011, S. 168 f.). Kommunikation und Sprache erschaffen und formen intersubjektive Wirklichkeiten, indem sie mit verschiedenen Bedeutungszuweisungen verschiedene Beschreibungen, Interpretationen und Bewertungen und damit für die Betroffenen verschiedene Erfahrungen kreieren.

»Jedes Wort ist ein Wort der Beschwörung« heißt es bei Novalis; ein Satz, der genau so formuliert als Überschrift eines modernen Aufsatzes über hypnosystemisches Arbeiten stehen kann. Menschliches Erleben wird sprachlich kanalisiert und indem es kommuniziert wird, wird es zum Gemeinschaftsgut. Ein gesagtes Wort lässt sich nicht rückgängig machen; es kann Eigenwirkungen entfalten, die unplanbar sind. Ich mag zwar Herr meiner Worte sein, jedoch nicht ihrer Wirkungen auf mein Gegenüber und schon gar nicht über dessen Reaktionen.

Die beschriebene Tendenz zur Reifizierung, zur Verdinglichung von Prozessen und Vorgängen, reduziert die allen Lebensprozessen eigene Komplexität zu etwas – nur scheinbar – Feststehendem. Damit wird der Blick vom Geschehen abgewandt und der Geist kann sich an den scheinbaren »Gegebenheiten« festhalten. In der Tradition des »labeling approach« (Keckeisen, 1974) wurden die sozialen Folgen derartiger »Label« wie z. B. psychiatrischer »Diagnosen« kritisch diskutiert. Oft handelt es sich dabei um Begriffe ohne Erklärungswert, die sich bestenfalls als soziale Konstruktionen mit einem gewissen Gebrauchswert für eine fachliche Verständigung in bestimmten Milieus erweisen.

»Ausdrücke wie Affektlabilität, Willensschwäche, Misstrauen, Suggestibilität, Primitivisierung, Ängstlichkeit, Vulnerabilität, Denkstörung, Wahnstimmung, Zwang, Alkohol- und Drogenabhängigkeit …, also ein großer Teil der psychopathologischen Termini, sind Dispositionsprädikate. Dispositionsprädikate aber benennen, im Gegensatz etwa zum ›Ikterus‹, nicht Realitäten und Tatsachen, sondern bloße Dispositionen, also bloße Möglichkeiten« (Feer, 1986, S. 344). Die allseits geläufige Verwechselung einer Bezeichnung mit einer Erklärung schafft eine Pseudogewissheit und auch ein Pseudowissen, das angesichts einer komplexen, nicht immer leicht zu verstehenden Wirklichkeit zu einer gewissen Beruhigung, wenn nicht sogar Narkotisierung zu führen scheint.

Dieses Phänomen hat schon Bateson (1985) beschäftigt: Er bezieht sich auf eine Episode aus einem Doktorexamen, die von Molière beschrieben wurde: Auf die Frage nach der Ursache dafür, dass Opium einschläfernd wirkt, »antwortet [der Kandidat] triumphierend im Küchenlatein: ›Weil eine einschläfernde Kraft darin wirkt (vis dormativa).‹« Bateson kommentiert: »Normalerweise steht der Wissenschaftler [wie Berater und Therapeuten, C. H.] einem komplexen Interaktionssystem gegenüber – in diesem Fall Mensch und Opium. Er beobachtet eine Veränderung in dem System – der Mensch schläft ein. Der Wissenschaftler erklärt dann diese Veränderung, indem er der fiktiven Ursache einen Namen gibt, die in dem einen oder dem anderen Bestandteil des Interaktionssystems angelegt ist. Entweder das Opium enthält ein verdinglichtes einschläferndes Prinzip, oder bei dem Menschen besteht ein verdinglichtes Schlafbedürfnis, eine Adirmitiosis, die in seiner Reaktion auf Opium »zum

Ausdruck kommt«. Und normalerweise sind alle Hypothesen dieser Art »einschläfernd« in dem Sinne, dass sie »die kritische Instanz [eine weitere verdinglichte fiktive Ursache] innerhalb des Wissenschaftlers selbst gewissermaßen zum Einschlafen« bringen (Bateson, 1985, S. 21). Auf diese Weise schafft die Wirkung von Namen und Bezeichnungen die »Verhexung unseres Verstandes durch die Mittel der Sprache« (Wittgenstein, zit. n. Feer, 1986, S. 351).

Wesentlich schwieriger und aufwendiger erscheint es, sich stetig verändernde (Lebens-)Prozesse sprachlich angemessen auszudrücken. Dazu wäre es nötig, vorschnelle Abstraktionen zu vermeiden und sich den realen und konkreten Lebensprozessen, insbesondere auch dem jeweiligen *Kontext* eines Phänomens, zuzuwenden (Bateson, 1986, S. 17). Unser Alltagsbewusstsein neigt dazu, das Leben als eine Kette von Wiederholungen zu registrieren. Die Einmaligkeit des jeweiligen Momentes verschwindet dann hinter einer Fassade scheinbarer Gleichförmigkeit. In bedeutenden spirituellen Traditionen, z. B. dem »heraklitschen Denken« (Petzold) oder dem Zen-Buddhismus, ist von jeher bekannt, dass das Leben keine Wiederholungen kennt. Die Idee der Wiederholung entsteht aus einem Mangel an Achtsamkeit für jeden Moment. Aus diesem Grund sagt Perls, der Begründer der Gestalttherapie: »Bewusstheit [im Sinne von Achtsamkeit, C. H.] per se ist heilsam« (vgl. Perls, 1982, S. 81 ff.).

Oliver Sacks, ein amerikanischer Neurologe und Psychiater, der für seine lebensnahen und einfühlsamen Kasuistiken neurologisch erkrankter Patienten bekannt wurde, bestätigt diese Notwendigkeit mit Blick auf die Verfassung von wissenschaftlicher Neurologie und Psychologie:

»Aber die mentalen Prozesse, die unser Sein und unser Leben ausmachen, sind nicht nur abstrakt und mechanisch, sondern auch persönlich und schließen daher nicht nur Klassifizierung und Kategorisierung, sondern auch ständiges Beurteilen und Fühlen ein [...] Infolge einer komischen und beklagenswerten Analogie hat unsere gegenwärtige kognitive Neurologie und Psychologie sehr viel Ähnlichkeit mit unserem armen Dr. P. [einem Patienten, der an einer Agnosie[5] leidet, C. H.]! Wir brauchen das Konkrete und Reale ebenso

---

5   Störung des Erkennens, die nicht auf eine Wahrnehmungsstörung, Demenz oder Aphasie zurückzuführen ist. Im auditiven und visuellen Bereich

wie er und gleich ihm sind wir nicht in der Lage, es zu erkennen. Unsere kognitiven Wissenschaften leiden selbst an einer Agnosie« (Sacks, 1996, S. 38). Diese Agnosie wird durch vorschnelle Verallgemeinerungen und Abstraktionen unter Ausblendung des jeweiligen situativen Kontextes eines Verhaltens hervorgebracht. Jede Beurteilung eines Verhaltens in einer Situation A erzeugt beim Beurteiler bzw. bei demjenigen, der von einem relevanten Urteil erfährt, eine Erwartungshaltung, die eine Fokussierung/Wahrnehmung einer folgenden Situation B prägt. Derjenige, der beurteilt/bewertet wird, erwartet dann bestimmte Einstellungen oder Erwartungen des Gegenübers, die sog. »Erwartungserwartungen«.

Sobald im Fokus der Beurteilungen ein »Verhaltensproblem« steht, neigen beide Beurteiler dazu, die affektiv besonders aufgeladenen Problemaspekte einer Situation zu fokussieren, zu benennen und hervorzuheben. Diese Prozesse führen leicht zu kalibrierten Beziehungsschleifen und zu Prozessen sich selbst erfüllender Prophezeiungen. Alle Beteiligten fühlen sich dann »im Recht«. Eine Unterbrechung dieser Teufelskreise etwa durch wechselseitige Einfühlung ist dann in der Regel nicht mehr möglich. Dieses Phänomen lässt sich gut bei eskalierenden dyadischen Konflikten, z. B. Paarkonflikten, beobachten. In diesem Sinne hat Luhmann (1985) Konflikte als »parasitäre Sozialsysteme« charakterisiert: Sie nisten sich sozusagen in das Kommunikationssystem ein und führen dort fortan ein Eigenleben.

Neben systemischen Frage- und Interventionsformen, die zur Musterunterbrechung und Dekonstruktion derartiger Teufelskreise beitragen (von Schlippe u. Schweitzer, 2009, S. 40 ff.), können auch beobachtungsgeleitete Beratungen den Beteiligten helfen, neue Perspektiven zu entwickeln (Aarts u. Schwing, 2009).

Die Schwierigkeit einer Verstrickung in problembestätigende Kommunikationsformen wird im Rahmen videobasierter Beratungen durch das Setting weitgehend umgangen. Hier bekommen die Problembeteiligten die Möglichkeit, eine zurückliegende reale Alltagssituation in einer professionell gestalteten Beratungssituation als eine neutrale, externe Informationsquelle zu nutzen (s. Kap. 3). Bei

---

bezeichnenderweise auch »Seelentaubheit« oder »Seelenblindheit« genannt (vgl. Pschyrembel, 1990).

beobachtungsgeleiteten Beratungen wird das zur Rede stehende Beziehungsgeschehen entschleunigt und mit Hilfe von Videointeraktionsanalysen gezeigt. Damit können nicht erinnerte positive Momente und neue Gelegenheiten für Veränderungen verlangsamt, d. h. für die Betroffenen »vergrößert« sicht- und erfahrbar werden (Hawellek, 1995).

Bevor die Methode beobachtungsgeleiteter Beratung genauer dargestellt wird, sollen die Prozesse von der Beobachtung und Wahrnehmung des relevanten Alltagsgeschehens zu den Narrationen *darüber* etwas eingehender betrachtet werden.

2.5 Eine Metaperspektive: Wie aus Beobachtungen Geschichten werden

Die nachstehenden Ausführungen befassen sich damit, wie über eine Situation, z. B. eine familiäre Alltagssituation, eine Geschichte entsteht, wie sie z. B. Eltern zu Beginn von Beratungs- und Therapieprozessen in der Erziehungsberatung oder Kinderpsychiatrie berichten.

Dabei folgen unsere Überlegungen im Wesentlichen denen Daniel Sterns (1998) über die Entstehung von Repräsentationen bei den an Eltern-Kind-Interaktion beteiligten Personen. Verschiedene *Life-Momente* der Eltern-Kind-Interaktion werden, sobald sie vergangen sind, zu Repräsentationen im Sinne von Erinnerungsbildern dieser Momente. Man könnte auch von *repräsentierten Momenten* bei den Beteiligten sprechen. Diese Erinnerungsbilder werden nach Ähnlichkeiten gruppiert und im Laufe der weiteren Interaktionserfahrungen zu sog. *Schemata des Zusammenseins* organisiert (Stern, 1998; Bauer, 2009). Diese Schemata gelten zunächst noch für spezifische Situationen, z. B. eine Spielsituation mit Mama oder eine Essenssituation mit Oma.

Das Konzept der Schemata des Zusammenseins entspricht der Modellvorstellung der dramatischen Psychotherapieformen wie dem Psychodrama Morenos oder dem therapeutischen Theater Iljienes, in denen der menschliche Sozialisationsprozess als *Internalisierungsprozess von Szenen oder Szenarien* verstanden wird (Petzold, 1978).

In seinem Buch, in dem Stern (2011) »Vitalitätsformen« als ein Konzept für die Organisation (zwischen-)menschlicher Erfahrungen einführt, fragt er danach, wie genau Internalisierungsprozesse ablaufen, und kommt zu dem Schluss: »Internalisiert werden vielmehr die Vitalitätsformen unserer Identifizierungsobjekte, die mit spezifischen Aktionen, Gefühlen, Einstellungen und Reaktionen so wie mit der Art zusammenhängen, wie sie auf uns eingehen, und mit den Gefühlen, die sie in uns wecken. Diese Vitalitätsformen werden internalisiert, und mit ihnen identifizieren wir uns. Was wir in uns aufnehmen, haben wir auf einer intimen und lokalen Ebene erlebt. Internalisiert werden nicht ›Objekte‹, sondern Interaktionserfahrungen« (Stern, 2011, S. 184).

Von den Vitalitätsformen bedeutsamer Interaktionspartner wie den Eltern werden im Laufe sich wiederholender Interaktionen nach und nach stabile Erwartungsstrukturen gebildet und dann jeweils zu generalisierten »Working-Models« (Bowlby, 1975; Bauer, 2009) der betreffenden Beziehungspartner geformt. So werden aus den Erfahrungen mit den Eltern beispielsweise Erfahrungen mit »Elternfiguren«, die in ähnlichen Beziehungskontexten aufleben, d. h. übertragen[6] werden.

Derartige Working-Models helfen dabei, sich auf Situationen und Personen über passende, bisher gemachte Erwartungen einzustellen und so eine optimale Anpassung des Kindes an die vertraute alltägliche Umgebung und darüber hinaus zu ermöglichen.

Sobald von den Beteiligten über die Situation und die anderen Beteiligten gesprochen wird, werden narrative Modelle geformt, die wiederum einer eigenen Dynamik unterliegen. Der Unterschied zwischen dem internen Arbeitsmodell und dem narrativen Modell besteht, wie Stern (1995, S. 214 f.) herausstellt, in »eine[r] andere[n] Art der Regulierung. Wenn Beziehungsereignisse erzählt werden, kann das Erzählen an sich schon auf vielfältige Weise zu einer Regulierung und sogar zu einer Veränderung der berichteten Erfahrungen führen.« Aus diesem Unterschied bezieht auch die Psychotherapie als »Talking Cure« ihr Veränderungspotenzial. Im therapeutischen

---

6 Dieser Tatbestand hat im psychoanalytischen Übertragungskonzept seinen theoretischen Niederschlag gefunden (vgl. etwa Laplanche u. Pontalis, 1973, S. 550 ff.).

Dialog wird auf diese Weise u. a. an einer Veränderung und Flexibilisierung von problemerzeugenden Bedeutungszuweisungen gearbeitet. Die beraterisch-therapeutischen Dialoge zielen auf den Aufbau entwicklungsorientierter und damit zukunftsfähiger Narrative (vgl. Kap. 5.3).

In den nachstehenden Abbildungen wird der Prozess von den Life-Momenten bis zur Herausbildung der Erzählung *darüber* schematisch dargestellt.

Abbildung 1: Aktuelle Interaktion in einer konkreten Alltagssituation; Life-Momente

Life-Momente können im Video festgehalten und beobachtet werden.

Abbildung 2: Erinnerter Moment, ggf. einzelne Bilder aus dem »ikonischen Gedächtnis«, »repräsentierter Moment«, die oftmals als bedeutsame Momente gelten.

Erinnerte Momente sind im Gespräch zugänglich.

Wie aus Beobachtungen Geschichten werden 29

Abbildung 3: Erinnerte Szenen oder Situationen; sie sind im »szenischen Gedächtnis« repräsentiert.

Schilderung von Situationen und Abläufen.

Abbildung 4: Generalisiertes inneres Modell/Schema von zu erwartenden Abläufen im Kontext bestimmter Akteure und Situationen.

Im Gespräch zugänglich.

Abbildung 5: Berichte, Schilderungen und Geschichten zum »Problem«.

Beratungssituation.

Bei dieser Bildfolge ist wichtig mitzudenken, dass jede neue Situation die bisherigen repräsentierten Erfahrungen und Arbeitsmodelle und Narrationen beeinflussen kann und damit Chancen positiver oder negativer Veränderungen enthält. In den Erfahrungen der am Kommunikationsprozess Beteiligten bilden sich nach einigen Wiederholungen typische Muster von Beziehungen, sog. Arbeitsmodelle. Diese zeichnen sich durch Dialogerwartungen (feedforward pattern) aus, die sich als recht stabil und widerstandsfähig gegenüber korrigierenden Erfahrungen erweisen können. Insbesondere problematische Kommunikationsverläufe folgen schnell einer »Komplettierungsdynamik«[7]: »Der äußere Reiz dient dabei quasi nur noch als Trigger zum Ablaufen innerer ›Filme‹ […] Eine solche ›Informationsverarbeitung‹ kann sich gegenüber der Realität [z. B. auch der gemeinsamen Beobachtung in einer Videoberatung, C. H.] erheblich immunisieren« (Kriz, 2005, S. 34).

In den verschiedenen Therapieverfahren wurde von daher den versprachlichten Problemgeschichten, den Narrationen sowie den Sprechgewohnheiten der Klienten besondere Beachtung geschenkt (Hawellek, 2011).

Innerhalb der therapeutischen Fachdiskurse lassen sich verschiedentlich Versuche finden, die Entstehung von therapeutisch bedeutsamen Sinnstrukturen, die von Klienten in typischen *Plots, Narrativen* oder *Skripts* verdichtet werden, konzeptionell zu erfassen.

In Tabelle 3 werden drei verschiedene Prozessmodelle vorgestellt, die unterschiedlichen Therapietraditionen entstammen: der Integrativen Therapie, der Psychoanalyse sowie der Systemischen Familientherapie. Alle haben den Anspruch, eine Heuristik zu bilden, die eine mikroanalytische Darstellung der Prozessabfolge von der Beobachtung und Wahrnehmung eines Phänomens hin zu dessen Beschreibung und Erklärung ermöglicht. Dabei nutzen sie unterschiedliche Betrachtungsdimensionen. Es handelt sich um die »Hermeneutische Spirale« (Petzold u. Sieper, 1988/1989), das »Bewusstheitsrad« (Miller u. Miller, 1972) und die »Konstruktionsreihe« (Simon u. Weber, 1993; Hawellek, 2011).

---

7 Dieses Konzept ist der naturwissenschaftlichen Systemtheorie entlehnt (vgl. Kriz, 2004, S. 22 ff.)

Tabelle 3: Prozessmodelle für Beobachtung, Wahrnehmung, Beschreibung, Erklärung eines Phänomens

Hermeneutische Spirale (Petzold u. Sieper 1988/1989)	Bewusstheitsrad (Miller u. Miller 1972)	Konstruktionsreihe (Simon u. Weber 1993)
Wahrnehmen (beteiligtes Hirnareal: sensorische Elemente des Cortex und Thalamus) ▼	**Wahrnehmen** ▼	**Beobachten** ▼
Erfassen/affektive Valenz (beteiligtes Hirnareal: Amygdala) ▼	**Deuten/Urteilen** ▼	**Beschreiben** ▼
Verstehen (beteiligtes Hirnareal: fronto-parietale Netzwerke) ▼	**Fühlen/Bewerten** ▼	**Erklären** ▼
Erklären (beteiligtes Hirnareal: frontale Bereiche, Sprachareale)	**Beabsichtigen/ Wollen** ▼	**Bewerten**
	Handeln/ Ausführen/Tun	
Prozessmodell zur Entwicklung des Sinnverstehens	Modell zur Hypothesenbildung über intra- und interindividuelle Dynamiken	Modell zur Entwicklung von Konstrukten, Narrativen und Plots

Gemeinsamer Ausgangspunkt der Prozessmodelle ist die Wahrnehmung resp. Beobachtung von Phänomenen. Die nachstehenden Ausführungen zu beobachtungsgeleiteter Beratung beziehen sich dabei auf die äußere phänomenale Welt, also auf denjenigen Bereich, der zum Gegenstand *gemeinsamer* Beobachtungen werden kann.

Ein Blick auf innere Phänomene ist nur dem jeweiligen Selbstbeobachter zugänglich und kann nur als Bericht oder Geschichte an andere weitergegeben werden. Innere Phänomene können zu Themen von Gesprächen werden und auf diese Weise intersubjektiv mitgeteilt und geteilt werden.

Bei den Mitteilungen handelt es sich immer um Beschreibungen unterschiedlicher Komplexität. Da jede Beschreibung im Kontext eines immer schon vorhandenen Wissens- und Erfahrungsfundus des Beschreibenden steht, geht dieser mehr oder weniger explizit mit in die Beschreibungen ein. Bei Beobachtung werden Prozesse, also Abfolgen von Phänomenen, beschrieben. Bei Deutungen und Erklärungen werden Relationen zwischen verschiedenen Beobachtungen oder zwischen dem Beobachteten und anderen Einflussgrößen gebildet. Dies geschieht z. B., wenn ein Verhalten in eine Beziehung zu einem (nicht sichtbaren) Motiv gebracht wird: »Er steht auf und geht, weil ihn das Gespräch nicht interessiert …« Auf diese Weise gehen Beschreibungen im Alltagsgeschehen recht schnell in Deutungen, Erklärungen, Beurteilungen und Bewertungen über.

Unter der Fragestellung, welche von den in Tabelle 3 dargestellten Prozessen einer gemeinsamen Beobachtung zugänglich sind, wird klar, dass die von Simon und Weber (1993) vorgeschlagene Heuristik der Konstruktionsreihe verschiedene Sprechakte beschreibt, die einer gemeinsamen Beobachtung und sodann Einschätzung zugänglich sind, während die Prozessmodelle der Hermeneutischen Spirale und des Bewusstheitsrads Stufen internaler Verarbeitungsprozesse mit ins Konzept aufnehmen. Diese sind keiner direkten Beobachtung zugänglich. In Tabelle 4 werden diese Prozesse gegenüber der beobachtbaren Kommunikation als »subkommunikative Prozesse« bezeichnet.

Tabelle 4: Beobachtbare Kommunikation und subkommunikative Prozesse

Kommunikation (gemeinsamer Beobachtung zugänglich)	Beobachten ▶	Beschreiben ▶	Erklären ▶	Bewerten ▶
Subkommunikative Prozesse (aus Beobachtungen abgeleitet)	Erfassen affektiver Valenz	Verstehen/ Deuten	Ideen/ Konzepte	Beabsichtigen/Wollen

Beobachtungen werden vom Beobachter erfasst und mit einer affektiven-kognitiven Valenz belegt. Ebenso finden sie ihren Platz in den dem Beobachter zur Verfügung stehenden Sinn- und Bedeutungskontext; sie werden gedeutet und verstanden und sie können erklärt werden. Je nach Situation können Beobachtungen in der Folge zu Absichten und Plänen und schließlich zu bestimmten Handlungen und Verhaltensweisen führen.

Beispiel
Eine Mutter sieht, wie sich ihr dreijähriges Kind mit einem Schraubenzieher einer Steckdose nähert (Beobachtung). Sie erfasst schnell die mögliche Gefahr (Erfassen). Sie versteht, dass ihr Kind dabei ist, die Möglichkeiten, die ein Schaubenzieher bietet, auszuprobieren (Verstehen, Deutung). Sie nimmt dem Kind den Schaubenzieher weg und erklärt ihm die Gefahr (Beabsichtigen/Handeln, Erklären/Bewerten). Sie bietet dem Kind eine andere Möglichkeit, den Schaubenzieher auszuprobieren (Beabsichtigen/Handeln).

3 Von den Problemgeschichten zur beobachtungsgeleiteten Beratung

Ausgangspunkt einer beobachtungsgeleiteten Beratung ist in aller Regel das *Anliegen* der Eltern oder Betreuer. Beim Anliegen der Betreffenden findet sich die meiste Energie für die Initiierung und Durchführung eines gemeinsamen Hilfeprozesses. Idealerweise ermöglicht die Klärungs- und Beratungsarbeit eine Verbindung zwischen den Wünschen der Klienten nach Veränderung und dem Aufzeigen von geeigneten und passenden Entwicklungsgelegenheiten (Aarts u. Schwing, 2009).

Wie in Beratungen und Therapien üblich, steht am Anfang ein *Klärungsprozess,* der Anlass, Anliegen und Auftrag der Klienten mit den Möglichkeiten der Beratung abgleicht. Sofern eine videobasierte Beratung in Frage kommt, wird die Methode den Klienten detailliert vorgestellt. In einem weiteren Schritt wird ein *Kontrakt* über die Zusammenarbeit, ihre Modalitäten und Ziele abgeschlossen. Da es sich um eine videobasierte Methode handelt, empfiehlt es sich, in einer schriftlichen Form darzulegen, dass die Videoaufnahmen nur zu Beratungszwecken dienen und dass eine andere Nutzung, z. B. als Lehrmaterial, einer gesonderten Vereinbarung bedarf (vgl. Anhang B).

Der beobachtungsgeleitete Beratungsprozess gliedert sich in Zyklen von Auftragsklärung und Kontrakt, ▶ Videobeobachtung, ▶ Videoberatung und einer ▶ Übungs- oder Praxisphase für die Klienten, einer ▶ erneuten Videobeobachtung der durch die Beratung angeregten Veränderungen, ▶ einem ggf. modifizierten Kontrakt usw.

Wie in anderen Beratungsformen auch, bildet eine stabile und sichere Beratungsbeziehung die Grundlage für videobasierte, beobachtungsgeleitete Beratungsprozesse. Im Unterschied zu anderen Beratungsformen jedoch erfolgt in videobasierten Beratungen die »Erzeugung von Instabilität« (s. Kap. 2.3) nicht primär sprachlich, sondern durch die Präsentation der Videoclips einer zuvor ausgewählten Situation mit entsprechend geeigneten Beratungskommentaren. Die Kommentare richten sich nach der jeweiligen *Leitperspektive* (s. Kap. 3.1) unter Bezug auf den Auftrag der Beratung.

Gegenüber konventionellen Beratungs*gesprächen* wird in einer videobasierten beobachtungsgeleiteten Beratung das Gesprächsthema zum Gegenstand einer gemeinsamen Beobachtung. Das, worüber dann gesprochen wird, ist dasselbe, was die Beobachter in der vergegenwärtigten Situation aktuell gemeinsam beobachten: die Life-Momente einer konkreten Alltagssituation (Abb. 1, S. 28).

Eine Life-Kommunikations-Situation kann als eine Beobachtungssituation erster Ordnung beschrieben werden: A sieht B und B sieht A (vgl. Tab. 3). Dabei handelt es sich um eine normale Face-to-Face-Kommunikation: »Als Teilnehmer einer Vis-a-vis-Situation ist der Andere völlig wirklich […] Es spricht sogar einiges dafür, dass der Andere als vis-a-vis für mich wirklicher ist, als es ich mir selber bin […] Dagegen liegt ›was ich bin‹ nicht in dem Maße ›auf der Hand‹. Will ich mich erfassen, so muss ich einhalten, der fließenden Spontaneität meiner Wahrnehmung Stillstand gebieten und mein Augenmerk absichtlich rückwärts, nämlich zu mir hin richten« (Berger u. Luckmann, 1972, S. 32). Diese Beschreibung entspricht weitgehend der Alltagserfahrung in Beziehungen, bei der das Gegenüber schnell eine hohe Präsenz bekommt, während das Gewahrsein für die eigenen (Re-)Aktionen leicht in den Hintergrund tritt. Da Menschen »Augenwesen« (Berger u. Luckmann, 1972, S. 32) sind, wird in den Life-Momenten in erster Linie das Gegenüber mit seinen (Re-)Aktionen wahrgenommen.

Im Rahmen einer videobasierten Beratung entsteht eine Beobachtungssituation zweiter Ordnung: A kann beobachten, wie er mit B interagiert und wie B mit ihm interagiert. Damit tritt die Präsenz des Gegenübers in den Hintergrund und das Wechselspiel der *Beziehung* wird sichtbar. Den Beteiligten wird damit eine Metaperspektive eröffnet (Kriz, 1997, S. 104).

Eine gemeinsame Beobachtung ermöglicht einen Perspektivwechsel. Wenn z. B. eine Eltern-Kind-Interaktion beobachtet wird, werden die Eltern zu Selbstbeobachtern einer Szenerie, an der sie teilgenommen und die sie aktiv mitgestaltet haben. Dieser Aspekt des Beziehungsgeschehens rückt bei nachträglichen Reflexionen häufig in den Hintergrund. Dabei eröffnen die gemeinsame Beobachtung und das Gespräch darüber die Möglichkeit, die erinnerten Momente und Szenarien (Abb. 2 u. 3, S. 28 f.) sowie die inneren Arbeitsmodelle und die Geschichten über die Probleme gemeinsam anhand

Abbildung 6: In der Videoberatung werden verschiedene Alltagssituationen gemeinsam betrachtet und besprochen. Sie ermöglicht so eine Beobachtung zweiter Ordnung.

der konkreten Beobachtungen zu überprüfen, ggf. zu revidieren und neu zu entwickeln (Abb. 6).

Dies gilt auch für die Supervision von videobasierten Beratungen, bei denen die Berater mit Unterstützung der Videos und des Supervisors von außen sehen können, was in der Beratung geschieht und wie sie dazu beitragen, den Beratungsprozess zu gestalten. Das Beispiel der Supervision videobasierter Beratung verdeutlicht eine Beobachtung dritter Ordnung und damit eine Meta-Metaperspektive (s. Abb. 7).

Abbildung 7: Zur Supervision einer videobasierten Beratung wird das Beratungsgespräch aufgenommen und so eine Möglichkeit zu einer Beobachtung dritter Ordnung geschaffen.

3.1 Methodische Grundlagen beobachtungsgeleiteter Beratung

Im Rahmen seiner allgemeinen Systemtheorie hat Luhmann die Operationen von Systemen als »Letztelemente« bestimmt, durch deren Aktivität sich Systeme selbst produzieren und reproduzieren. Daher lassen sich Erkenntnisse über die Welt nur als Erkenntnisse über die Umwelt von Systemen gewinnen. Aus der Sicht eines Systems ist damit die Welt nur als Umwelt des Systems zugänglich. Die operierenden Systeme erzeugen eine System-Umwelt-Unterscheidung. Die dabei wesentliche Systemoperation ist nach Luhmann die *Beobachtung*. Sie bringt die Unterscheidung zwischen System und Umwelt hervor.

In diesem Sinne bedeutet beobachten zugleich auch unterscheiden und bezeichnen. Bei jedem Beobachtungsvorgang entstehen »blinde Flecken«. Diese verdanken sich der Tatsache, dass sich beobachtende Systeme während des Beobachtens nicht zugleich auch noch selbst beobachten können.

Videobasierte Beratungen ermöglichen eine Selbstbeobachtung im Rückblick auf eine vergangene und abgeschlossene Situation. Auf diese Weise wird den Klienten ein Rollenwechsel von der vergangenen Rolle des Teilnehmers einer Situation in die aktuelle Rolle eines Selbstbeobachters derselben Situation ermöglicht (Hawellek, 1995). Damit wird zugleich die Möglichkeit eines Perspektivwechsels im Sinne einer erweiterten Perspektive geschaffen. Vorgänge, die zuvor im Bereich der blinden Flecken lagen und daher nicht beobachtbar waren, werden nun sichtbar.

Die Möglichkeiten, Beobachtungsprozesse wiederum zu beobachten, sind prinzipiell unendlich. Sie entsprechen dem Phänomen eines Beobachters, der sich selbst in zwei sich gegenseitig spiegelnden Spiegeln sieht. Jede Beobachtung einer Beobachtung birgt Erkenntnismöglichkeiten, die der Beobachtung einer Ordnung darunter verborgen bleiben. Aus diesen Möglichkeiten entstehen z. B. Informationen für videobasierte Supervisionen von beobachtungsgeleiteten Beratungen.

Beobachtungsgeleitete, videobasierte Beratung entspricht ihrer Struktur nach einem therapeutischen Dreieck: Klient und Berater wenden sich einem gemeinsamen Dritten, den präsentierten Videobildern zu. Damit entsteht ein gemeinsamer Aufmerksamkeitsfokus als ein wesentliches Orientierungsprinzip für die (Mit-)Gestaltung des beraterisch-therapeutischen Dialogs.

Das, worüber gesprochen wird, ist nicht nur assoziativ in der je subjektiven Vorstellung, sondern real in den Bildern präsent. Diese bilden zugleich ein Prüfkriterium der jeweiligen Vorstellungen und (repräsentierten) »Ein-Bildungen« von Klienten und Beratern. Videobilder dienen auf diese Weise der Realitätsprüfung und damit der Unterscheidung zwischen den (Vor-)Annahmen der Beteiligten über ein Interaktionsgeschehen und den real beobachtbaren Abläufen. Diese Unterscheidung ist zugleich eine Unterscheidung zwischen Innen- und Außenperspektive des Geschehens. Die Beteiligten können mit Hilfe des Mediums Video zwischen dem unterscheiden, was sie *gedacht und gemeint* haben, und dem, was sie *beobachten und wahrnehmen.*

Allen Erfahrungen nach sind die Klienten überwiegend offen und interessiert für das, was die Videoclips von ihnen und ihrer Alltagsrealität zeigen. Diese werden so präsentiert, dass sie schon durch das

Setting »angemessen ungewöhnlich« (Andersen, 1990) sind und die Klienten zur Neugier einladen (Cecchin, 1988). Dadurch, dass die Informationen in Videobildern zuerst gezeigt und dann »erklärt« werden, können die Klienten mit dem eigenen Modell positive Selbstwirksamkeitsüberzeugungen verbinden. Dieser Zugang erschließt häufig auch einer sog. »bildungsfernen« Klientel unmittelbare Informationen, beispielsweise über entwicklungsunterstützende Kommunikation, zumal die Clips auf vielfältige Weise eine unmittelbare Einfühlung der Beobachter in diejenigen, die betrachtet werden, ermöglichen (Bauer, 2009).

Die Informationen, die die Bilder im Rahmen beobachtungsgeleiteter Beratungen geben, sind für die Klienten zumeist »neu«, ganz im Sinne des systemtheoretischen Informationsbegriffs Batesons (1985, S. 5), der Information als »Unterschied, der einen Unterschied macht« definiert. Der Neuigkeitsgehalt einer Videopräsentation wird durch die Art und Weise befördert, in der die Clips in den Beratungen präsentiert werden und wie darüber kommuniziert wird.

In diesem Sinne ermöglicht die gemeinsame Beobachtung von Klienten und Beratern die Bildung neuer Unterscheidungen und damit zusammenhängend neuer Ko-Konstruktionen über das, was beobachtet wird. Als methodischer Leitgedanke ließe sich somit formulieren: *Beobachtungsgeleitete Beratungen führen von der Ko-Vision zur Ko-Konstruktion.*

Der Schritt von der gemeinsamen Beobachtung zur gemeinsamen Beschreibung, Erklärung und Bewertung der Beobachtung setzt eine organisierende *Leitperspektive* voraus, ganz im Sinne von Einsteins Aphorismus, dass »die Theorie bestimmt, was wir beobachten können«.

Die Beobachtung sozialer Prozesse eröffnet den Blick auf ein hochkomplexes Geschehen. Unterschiedliche Beobachter fokussieren verschiedene Aspekte der Beobachtung und nutzen differente Beschreibungs-, Erklärungs- und Bewertungsformen. Hier wird deutlich, dass jede Beobachtung im Kontext eines allgemeinen Verarbeitungsprozesses von Eindrücken steht. Daraus entsteht zwangsläufig eine Vielfalt und Beliebigkeit von Interpretationsmöglichkeiten.

Aus einer wissenschaftstheoretischen Sicht werden die Schlussfolgerungen aus den Beobachtungen, also die Erkenntnisse, die der

Beobachter jeweils gewinnt, von zwei aufeinander bezogenen Faktoren (mit-)gestaltet: zum einen von dem jeweils vorhandenen Wissens- und Erfahrungszusammenhang des Beobachters. Jeder Beobachter bringt sein Vorwissen, seine Vorerfahrungen mit und trägt sie an das zu beobachtende Phänomen heran. Auf diese Weise entsteht ein *Multiversum* unterschiedlicher beobachter- und kontextabhängiger Wirklichkeitskonstruktionen, wie sie von konstruktivistischer Seite vielfach beschrieben wurden; von Foerster (1992/2009, S. 44) spricht davon, dass »der Konstruktivismus eine Epistemologie des Beobachtens« entwickelt.

Zum anderen spielen der jeweils unterschiedliche aktuelle Beobachtungskontext und die Beobachtungsintentionen eine Rolle für den leitenden »Vorblick«, der die Beschreibungen, Erklärungen und Bewertungen organisiert und zu einem sinnvollen Ganzen fügt.

Henningsen (1969) schlägt vor, die methodisch strukturierenden Elemente von Beobachtungssituationen konzeptuell als »Vorblickbahnen«[8] zu fassen: »Eine Vorblickbahn ist gekennzeichnet durch das Erfassen eines Wirklichkeitsbereiches *im vorgängigen Hinblick auf* bestimmte Wissensbereiche. Die Rede von ›-bahn‹ betont, dass ein solcher *vorgängiger Hinblick auf,* um wissenschaftlich ergiebig zu sein, in gewisser Weise ›verfestigt‹ sein muss, d. h. einen prinzipiell immer wieder begehbaren ›Weg‹ darstellt, auf dem die Annäherung an den Gegenstand möglich ist« (Henningsen, 1969, S. 156). Eine Vorblickbahn enthält eine Entscheidung für einen Blickwinkel, eine Perspektive, unter der ein Phänomen betrachtet wird. Mit dieser Entscheidung werden andere potenzielle Perspektiven als auch möglich, aber im Blick auf das jeweilige Erkenntnisinteresse als nachrangig betrachtet. So macht es einen Unterschied, ob ein Stein aus der Sicht eines Geologen, eines Heimatkundlers oder, in anderem Kontext, eines ermittelnden Kriminalbeamten betrachtet wird. Der Stein mag jeweils derselbe sein; der Gesichtspunkt, unter dem er Bedeutung erhält, variiert nach der Fragestellung, dem Vorwissen und dem Interesse des Betrachters. In dieser Sicht gibt es zum gleichen Phänomen verschiedenste Vorblickbahnen.

---

8   Nach Angaben des zitierten Autors stammt der Begriff der Vorblickbahn von Ludwig Landgrebe, einem Philosophen und Phänomenologen aus der Schule Edmund Husserls.

Wir schlagen vor, für die organisierende Perspektive beobachtungsgeleiteter Beratungen den Begriff der *Leitperspektive* zu verwenden. Wie der Begriff der Vorblickbahn bildet eine Leitperspektive zugleich immer auch einen »Sinnattraktor« (Kriz) der die kognitiv-affektive Einordnung der beobachteten Phänomene ermöglicht. Ähnlich wie der Begriff der Vorblickbahn steht der Begriff der Leitperspektive in der Tradition der phänomenologischen Methoden.

Im Unterschied zur Vorblickbahn rückt der Begriff der Leitperspektive die Beobachtungsziele und den Beobachtungszweck in den Vordergrund. Er legt nahe, dass es für eine systematische Nutzung von Beobachtungen zunächst nötig ist, diejenigen Perspektiven offenzulegen, unter denen die Beobachtungen Sinn ergeben. Ohne eine Klärung der Leitperspektive sind vor allem auch gemeinsame Beobachtungen erschwert, weil die Beteiligten nicht wissen, warum sie wann und wohin schauen und welche Information sie erwarten können. In diesem Sinne definiert die Leitperspektive den Rahmen, innerhalb dessen die Beobachtungen informativ sind, also dem bisherigen Wissen etwas bedeutsames Neues hinzufügen, d.h. »einen Unterschied bilden, der einen Unterschied macht« (Bateson).

3.2 Leitperspektiven für unterschiedliche Zielgruppen

Leitperspektiven stehen somit in einem direkten Zusammenhang mit den Interessen und Zielen einer Beobachtung. Sie sind von daher prospektiv oder auch teleologisch auf gemeinsame Erkenntnisziele hin ausgerichtet. Sie bilden so etwas wie einen roten Faden für eine gemeinsame Beobachtung.

In diesem Verständnis sind Leitperspektiven diejenigen Muster, nach denen Beobachtungen ausgewählt, vorgenommen, zusammengefasst, beschrieben und interpretiert werden. Sie folgen denjenigen Leitgedanken und Leitlinien, die dem professionellen Handeln einen sinnvollen, zielgerichteten Rahmen geben.

Je nach Arbeitsfeld lassen sich verschiedene Leitperspektiven für die beobachtungsgeleitete Beratung unterscheiden. Für strukturell *symmetrische* Beziehungen, in denen Gleichrangigkeit vorherrscht, wie etwa in Paarbeziehungen, erscheint es passend, die Beobachtungsprozesse unter der Leitperspektive vorzunehmen, wie positive Gegenseitigkeit (weiter-)entwickelt, unterstützt, aufrechterhalten und vertieft werden kann und/oder wie ein »Beziehungsproblem« gelöst werden kann. Im Arbeitsfeld der Paar- und Eheberatung steht sodann die wechselseitige Unterstützung eines ko-evolutiv-dyadischen Prozesses unter gleichrangigen Erwachsenen im Vordergrund. Anders als bei Personen, deren Beziehung wesentlich durch ein Verantwortungsgefälle definiert ist, richtet sich der Blick in diesen Beziehungen auf die ebenbürtige Balance unter Wahrung z. B. der Genderunterschiede. Damit verändert sich auch der Blickwinkel in die Richtung auf Momente *wechselseitiger* Empathie, eines *ausgewogenen* Gebens und Nehmens, auf die Kooperationsmodelle und den positiven *gegenseitigen* sozial-emotionalen Austausch. Hier folgt die Leitperspektive der Beziehungslogik einer *geteilten Verantwortung* innerhalb einer gleichrangigen Beziehung. Eine gleichrangige Beziehung entwickelt sich durch eine Verstärkung und Vertiefung des positiven Austausches von Geben und Nehmen in den vielfältigen Facetten der menschlichen Kommunikation. Wenn der Austausch nachlässt, verflacht die Beziehung, und wenn er negativ konflikthaft verläuft, kann es zu Trennungen kommen, sofern die Partner keine geeigneten Konfliktbewältigungsformen entwickelt haben oder nutzen.[9]

Sofern ein Paar zugleich auch Elternpaar ist, kommt zusätzlich zur gleichrangig-dyadischen Beziehung eine neue Dimension hinzu: Neben das Paar tritt das *Elternpaar,* dessen Beziehungslogik wesentlich durch eine gemeinsame und geteilte *Verantwortung gegenüber einem Dritten,* dem Kind, geprägt wird. Auf diese Weise unterliegen Erwachsene, die Paare und Eltern zugleich sind, sowohl einer dyadisch gleichrangigen Beziehung bei Themen, die das Paar betreffen, z. B. Liebe, Partnerschaftlichkeit und Trennung. Als Verantwortungsgemeinschaft gegenüber dem Kind unterliegen sie zugleich und parallel auch einer triadischen Beziehungslogik, deren Themen durch die verantwortliche Position der Elternschaft gegeben sind.

Vielfältige Erfahrungen aus der Beratung sich trennender Elternpaare zeigen, dass es, besonders unter emotionalem Stress, für die

---

9 Im Anhang A findet sich eine Orientierungshilfe für die Videointeraktionsanalysen von Paarbeziehungen.

Erwachsenen sehr schwierig ist, jederzeit zu unterscheiden, ob sie auf dem Stuhl eines sich trennenden Partners, der für Fairness kämpft, sitzen oder auf dem Stuhl eines mitverantwortlichen Elternteils, das die Belange und Interessen des Kindes wahren muss. Für die Berater ist es besonders in diesen Situationen bedeutsam, die jeweilige Rolle zu klären, damit die Beteiligten die dazu passenden Blickwinkel einnehmen können (vgl. Kap. 5.3).

Bei der Arbeit mit Behinderten, dementiell Erkrankten, betagten und eingeschränkten Menschen handelt es sich um ein *partiell komplementäres* Beziehungsmuster mit unterschiedlicher Verantwortlichkeit. Hier steht die Beratungsarbeit unter der Leitperspektive, wie die zu betreuenden Personen bei ihrer Alltagsbewältigung bestmöglich unterstützt werden können. Darüber hinaus geht es in diesem Arbeitsfeld darum, dazu beizutragen, das Wohlbefinden und die Lebenszufriedenheit aller Beteiligten zu erhöhen und Betreuungs- und Unterstützungsformen zu finden, die zu den Betreuten, den Betreuern und zur jeweiligen Situation passen.

In der Arbeit mit Lehrenden und Führungspersonen sowie mit Coaches besteht die Leitperspektive in der gezielten Unterstützung von Lern- und Entwicklungsprozessen, je nach den zuvor festgelegten Arbeitszielen. Ähnliches gilt für Kommunikationstrainings mit Kindern oder Jugendlichen (Rausch, 2011; Aarts u. Rausch, 2009; J. Aarts, 2007).

Ein Blick auf die Geschichte der beobachtungsgeleiteten Beratung zeigt, dass die Marte-Meo-Methode zuerst im Arbeitsfeld der Jugendhilfe, genauer der Erziehungsberatung, entstanden ist (Bünder et al., 2009).

In Deutschland steht Erziehungs- und Familienberatung als professionelle Dienstleistung im übergeordneten Kontext der Kinder- und Jugendhilfe. Diese wird durch das VIII. Sozialgesetzbuch geregelt. In § 1 des SGB VIII heißt es:

»(1) Jeder junge Mensch hat ein Recht auf Förderung seiner Entwicklung und auf Erziehung zu einer eigenverantwortlichen und gemeinschaftsfähigen Persönlichkeit.

(2) Pflege und Erziehung der Kinder sind das natürliche Recht der Eltern und die zuvörderst ihnen obliegende Pflicht.«

Im dritten Absatz von § 1 wird u. a. der Jugendhilfe die Aufgabe zugewiesen, Eltern und andere Erziehungsberechtigte bei der Erziehung zu beraten und zu unterstützen.

In der Festlegung dieser Rechtsnormen sind Leitgedanken formuliert, die Rechtsansprüche und Entwicklungsziele von Kindern definieren und die Rollen der Eltern und Jugendhilfe dabei festlegen: Eltern sollen Kinder gezielt in ihrer Entwicklung unterstützen und fördern und von der Jugendhilfe dabei bei Bedarf beraten und unterstützt werden.

Die Aufgaben und Ziele von Erziehungs- und Familienberatung legen die Autoren des KJHG wie folgt fest: »Erziehungsberatungsstellen und andere Beratungsdienste und -einrichtungen sollen Kinder, Jugendliche, Eltern und andere Erziehungsberechtigte bei der Klärung und Bewältigung familienbezogener Probleme und der zugrunde liegenden Faktoren, bei der Lösung von Erziehungsfragen […] unterstützen« (§ 28 KJHG).

Erziehungs- und Familienberatung bekommt hier also eine unterstützende Funktion bei der Problemklärung und -bewältigung und der Lösung von Erziehungsfragen zugewiesen. Mit dieser doppelten Akzentsetzung auf explorative und bewältigungsorientierte Unterstützungsformen erhalten zugleich die Leitperspektiven von Erziehungs- und Familienberatung einen weiter ausformulierten, aber zunächst noch abstrakten Rahmen.

3.3 Leitperspektive: Entwicklung unterstützen

> *There is more power in the seed than in the gun.*
> *(Virginia Satir)*

Leitperspektiven sind zugleich auch Entwicklungsperspektiven. Sie schaffen Ausblicke nach vorn, in zukünftige positive Möglichkeiten. In konventioneller Sprache formuliert, sind sie geeignet, Hoffnung zu schaffen. Hoffnung wiederum ist einer der mächtigsten Antriebe für zwischenmenschliches Engagement und ein Gegenmittel zur Verzweiflung: »Es kommt darauf an, das Hoffen zu lernen. Seine Arbeit entsagt nicht, sie ist ins Gelingen verliebt statt ins Scheitern« (Bloch, 1970, S. 1).

Viele klinische und Beratungskonzepte haben sich in der Vergangenheit an detailreichen Beschreibungen von Problemlagen, Störungs- und Krankheitsbildern orientiert. Diese Pathologielastigkeit und Defizitorientierung wird erst in jüngerer Zeit zunehmend von ressourcen- und lösungsorientierten Therapie- und Beratungsmodellen abgelöst. Die Fachdiskurse beginnen offenbar erst allmählich aus dem Schatten einer an Defiziten orientierten Tradition herauszutreten, wie die Metastudie von Myers (2003, zit. in Proyer u. Ruch, 2006) belegt. Myers hat »negative versus positive topics in psychological journal articles 1887 to 2001« einander gegenübergestellt (in Proyer u. Ruch, 2006):

9.760 on »anger«	1.021 on »joy«
65.531 on »anxiety«	4.129 on »life satisfaction«
79.154 on »depression«	3.522 on »happiness«
20.868 on »fear«	781 on »courage«
207.110 on »treatment«	31.019 on »prevention«

Diese Tradition, Fachdiskurse und die einschlägige Forschung in einer Zeitspanne von immerhin 114 Jahren defizitorientiert in einem Verhältnis von ca. 1:10 – auf eine auf Ressourcen und Resilienz hin angelegte Studie kommen 10 an Problemen und Defiziten interessierte Arbeiten – hat ganz offensichtlich deutliche Spuren hinterlassen.

Marte Meo ist dagegen eine durchgängig am positiven Entwicklungsgeschehen orientierte Methode. Sie interessiert sich für eine »Dia-Logik des Gelingens«, nicht für eine Untersuchung des Scheiterns, und stellt sich damit in die Traditionen der Humanistischen Psychologie (Masolw, 1973) und der Positiven Psychologie (Seligman, 2003). Damit werden Fragestellungen und Themen in den Vordergrund gerückt, die einen Gegenpol zur bisherigen problemorientierten Publikations- und Forschungstradition bilden.

Neben der ressourcenorientierten Perspektive sucht die Methode vor allem nach alltagstauglichen und praktikablen beraterischen Empfehlungen. Marte Meo ist aus der und für die praktische und konkrete Arbeit im Alltagsgeschehen entwickelt worden: »It's for people on the workfloor«, wie Maria Aarts (mündl. Mitteilung) bisweilen zu sagen pflegt.

Dennoch werden auch die beobachtungsgeleiteten Beratungs- und Coachingprozesse zunehmend erforscht und evaluiert. Eine Übersicht findet sich bei Bünder et al. (2009, S. 374 ff.) und Bünder (2011).

Die beobachtungsgeleitete Arbeit stellt problematisches Verhalten und problematische Beziehungen in eine Entwicklungsperspektive. In einer solchen Perspektive geht es zunächst darum, »die Botschaft hinter dem Problem« (Aarts, 2005) zu lesen und für die Betreffenden verständlich zu machen. Auf diese Weise werden aus »gestörten« oder »problematischen« Kindern »Kinder mit besonderen Entwicklungsbedürfnissen« (children with special needs), die sie durch das Problemverhalten verdeutlichen. »Probleme« oder »Störungen« sind unter diesem Blickwinkel Hinweise auf Möglichkeiten, Kinder gezielt im pädagogischen Alltag zu unterstützen. Die Grundlage für die Entwicklung von passenden, »handgeschneiderten« (Aarts) Unterstützungsformen sind Videointeraktionsanalysen der Alltagskommunikation mit dem Kind oder der zu betreuenden Person (Kap. 5.2.). Damit werden das Entwicklungsgeschehen und seine gezielte Unterstützung zur Leitperspektive der Beratung. »Die organisierende Idee des Modells ist die der *Entwicklung*« (Hawellek, 2005). Dies gilt ebenso für die passenden Unterstützungsformen, nach dem Motto: »Entwicklung unterstützen – Unterstützung entwickeln«.[10]

Ein derartiges Modell folgt der Entwicklungslogik lebendiger Systeme, zu deren Prämissen die Autopoiese von Systemen und damit die Nicht-Instruierbarkeit von Lern- und Entwicklungsprozessen gehört. Es geht bei der Idee, Entwicklungen zu unterstützen, darum, dazu »beizusteuern« (Loth), dass positive Selbstorganisationsprozesse möglich werden und bleiben. In einer Entwicklungsperspektive geht es ebenso darum, die »*Nichtbeliebigkeit von Arbeitszeiten*« (Kriz, 1998) lebendiger Systeme anzuerkennen: Lebendige Systeme sind u. a. durch entwicklungssensitive Phasen charakterisiert, in denen die passenden Anregungen nachhaltigere Wirkungen erzielen als

---

10 Hierbei handelt es sich um den Titel eines von Hawellek und von Schlippe (2005) herausgegebenen Bandes über den »State of the Art« videobasierter Beratungsarbeit nach der Marte-Meo-Methode, in dem Autoren und Autorinnen aus fünf europäischen Ländern zu Wort kommen.

zu anderen Zeiten. Ein gutes Beispiel dafür sind die sog. sprachsensiblen Phasen bei Kleinkindern.

Eine Entwicklungslogik betrachtet – etwa im Gegensatz zu einer »Verdienstlogik« – elterliche Investitionen[11] (Keller, 2001, S. 17 ff.) unter der Langzeitperspektive von Nachhaltigkeit und ist weniger auf ein direktes »Outcome« gerichtet. In dieser Perspektive richtet sich die elterliche Moderation von Alltagssituationen nach guten *Passungen* (Zentner, 1993) zwischen den Entwicklungsbedürfnissen der Kinder, den Zielen der Eltern und dem situativen Alltagskontext des aktuellen Geschehens.

Ein weiterer Unterschied zwischen einer Verdienst- und einer Entwicklungslogik lässt sich im unterschiedlichen Umgang mit der Bewertung von zeitlichen Investitionen ausmachen. Im verdienstlogischen Denkmodell müssen sich Effekte unmittelbar auszahlen, Engagement muss sich »lohnen«, damit kein »Verlust« entsteht und die Hoffnung auf »Gewinn« erhalten bleibt.

Auch im beraterisch-therapeutischen Arbeiten geht es vorrangig darum, Narrationen zu entwickeln, die Hoffnung befördern. Im entwicklungslogischen Denkmodell kommt es daher nicht nur auf kurzfristige Effekte, sondern auf eine beziehungsethische Grundhaltung an, die der tschechische Schriftsteller und Expräsident Václav Havel anhand seiner Definition von Hoffnung so zusammenfasst:

»Hoffnung ist eben nicht Optimismus. Es ist nicht die Überzeugung, dass etwas gut ausgeht, sondern die Gewissheit, dass etwas Sinn macht – ohne Rücksicht darauf, wie es ausgeht.« Diese an einer Ko-Evolution der Eltern-Kind-Beziehungen ausgerichtete Werthaltung findet sich ebenfalls in den Schriften von Omer und von Schlippe (2002; 2004) über elterliche Präsenz und »Autorität durch Beziehung«.

Die griechische Mythologie kennt zwei unterschiedliche Gottheiten, die die Zeit symbolisieren: den Gott Chronos, der seine Kinder frisst und die Zeit als verrinnende Zeit in das Licht der Vergänglichkeit rückt. Dem gegenüber steht der Gott der »guten Gelegenheit« oder des »rechten Momentes«, Kairos, der auf seinem Haupt vorne eine Locke und hinten eine Glatze hat. Dies ist ein Hinweis darauf,

---

11 Mit elterlichen Investitionen ist in diesem Zusammenhang soviel wie elterliches Engagement gemeint (vgl. Keller, 2001).

Gelegenheiten »beim Schopfe zu packen« und wachsam für passende Möglichkeiten und Gelegenheiten zu werden. Beobachtungsgeleitete Beratungen zielen darauf, passende positive Momente und Gelegenheiten zu identifizieren, hervorzuheben und zu präsentieren. Um im Bild zu bleiben: Mit Hilfe der modernen Videotechnik wird es möglich, Kairos bei der Arbeit genauer zuzuschauen, ja von ihm zu lernen.

Damit kann eine Position bezogen werden, die bisherige Beschreibungen revidiert: »Jede Beschreibung setzt ja ein Heraustreten aus dem Rahmen des zu Beschreibenden heraus [...] Rufen wir uns von Glaserfelds Worte nochmals ins Gedächtnis, wonach die ›wirkliche‹ Welt sich ausschließlich dort offenbart, wo unsere Konstruktionen scheitern. Da wir Scheitern aber immer nur in eben jenen Begriffen beschreiben und erklären können, die wir zum Bau der scheiternden Strukturen verwendet haben, kann es uns niemals ein Bild der Welt vermitteln, die wir für das Scheitern verantwortlich machen könnten« (Watzlawick, 2009). Das epistemologische Dilemma, das hier beschrieben wird, wird in beobachtungsgeleiteten Beratungen damit umgangen, dass die Klienten, wenn sie sich im Video sehen, eine Selbstbeobachterposition einnehmen. Wenn diese Klienten von einfühlsamen Beratern unter einer entwicklungsorientierten Leitperspektive begleitet werden, werden damit Zugänge zu neuen Sichtweisen unterstützt.

Zusammenfassend lässt sich festhalten, dass für das Marte-Meo-*Modell* folgende Orientierungen maßgebend sind:
- eine Orientierung an natürlichen entwicklungsunterstützenden Dialogen (Øvreheide u. Hafstadt, 1996; Sirringhaus-Bünder et al., 2001; Hawellek, 2005, S. 57 ff.) sowohl zwischen den Eltern/Betreuern und ihren Kindern wie auch in einem weiteren Schritt zwischen Beratern und Eltern/Betreuern;
- eine weitere Orientierung des Arbeitsmodells ist die an der Lebenswelt und am Alltagsleben der Klienten als dem zentralen Arbeitsfeld (Hawellek, 2005, S. 64 ff.).

Für die Marte-Meo-*Methode* sind folgende Orientierungen maßgebend:
- Beobachtungen/Videointeraktionsanalysen bilden die methodische Grundlage und die Leitlinie des Beratungsgeschehens.

– Die Methode zielt darauf, bei Kindern, Eltern und Betreuern positive Entwicklungsprozesse anzuregen, zu aktivieren und aufrechtzuerhalten (Hawellek, 2005, S. 61 ff.).

Die Betonung der je »eigenen Kraft«, mit der Anforderungen begegnet und Schwierigkeiten bewältigt werden können, verweist auf die Stärkung von und durch Selbstwirksamkeitserfahrungen (Bandura) als einer zentralen Ressource der Persönlichkeitsentwicklung und der seelischen Gesundheit (Antonovsky).

4 Vor-Bilder: Entwicklungsunterstützende Dialoge

Wenden wir uns zunächst den Modellvorstellungen zu, die der Marte-Meo-Methode zugrunde liegen.

Wir stehen in einer großen anthropologischen Tradition, z. B. in der Martin Bubers (1969), wenn wir voraussetzen, dass der Mensch auf Dialoge und Kommunikation angelegt ist; ein Tatbestand, der inzwischen als vielfach untermauert und unstrittig betrachtet werden muss. Neben den sozioökonomischen Bedingungen bildet das konkrete familiäre Beziehungsgeschehen mit seiner jeweiligen Interaktions- und Kommunikationskultur eine bedeutsame Matrix aller biopsychosozialen Entwicklungsprozesse von Kindern.

Als Leitperspektive für die Förderung positiver Entwicklungen bietet sich daher an, genau in den Blick zu nehmen, wie Eltern die Entwicklung ihrer Kinder in den natürlichen Eltern-Kind-Kommunikationen passend unterstützen. Aus der Babyforschung ist bekannt, dass Eltern mit Hilfe kultur- und geschlechtsunabhängiger intuitiver Programme mit ihren Babys und Kleinkindern angepasst an deren Entwicklungsbedürfnisse kommunizieren und sich dabei auf ihr »implizites Beziehungswissen« (Papoušek, 2001) verlassen.

4.1 Die Struktur entwicklungsunterstützender Kommunikation

Im Fall von komplementären Beziehungsformen wie Eltern-Kind-Positionen besteht zwischen Eltern und Kind ein Verantwortungs- und Machtgefälle. Erziehungshandeln folgt dabei dem »Prinzip Verantwortung«, bei dem das Kind »Urgegenstand der Verantwortung« ist (Jonas, 1984, S. 234).

Abbildung 8 verdeutlicht die Struktur von entwicklungsunterstützender Kommunikation. Sie stellt die fürsorglich-unterstützende Position des Erwachsenen gegenüber dem Kind dar und zeigt die damit verbundenen Prozesse der Ausübung von Verantwortung (Jonas, 1984) und intuitiver Fürsorge (Stern, 1998).

Abbildung 8: Struktur von entwickungsunterstützender Kommunikation
1. Kindlicher Aufmerksamkeitsfokus; 2. Der Erwachsene folgt dem Aufmerksamkeitsfokus des Kindes; 3. Der Erwachsene beachtet die Erfahrung, die das Kind gerade macht; 4. Der Erwachsene handelt vorausschauend im Hinblick darauf, was die Situation erfordert.

Das Bild[12] zeigt eine dreifache Ausrichtung der Aufmerksamkeit von einer kompetenten, verantwortlichen und entwicklungsunterstützenden Person in der jeweils gegebenen gemeinsamen Situation mit dem Kind. Die Aufmerksamkeit des Erwachsenen richtet sich gleichermaßen auf:

---

12 Die Grafik orientiert sich an einer Präsentation von Haldor Øvreheide (2008).

- die Erfordernisse und Besonderheiten der Situation,
- den jeweils aktuellen Aufmerksamkeitsfokus des Kindes,
- die Qualität der kindlichen Erfahrung in der jeweiligen Situation.

Je nach den Gegebenheiten tritt eine der genannten Orientierungen in den Vordergrund des Geschehens.

Mit zunehmender Reife und zunehmendem Alter des Kindes vergrößert sich der Spielraum der Fürsorge hin zu einer größeren Autonomie und Unabhängigkeit des Kindes. Kinder benötigen die verantwortliche elterliche Aufmerksamkeit, um den erforderlichen Schutz vor Gefährdungen verschiedenster Art zu bekommen. Sie brauchen Gelegenheiten, sich mitzuteilen, wenn sie Erfahrungen ausgesetzt sind, die schwer zu bewältigen sind. Die Beziehungen zu den Bindungspersonen ermöglichen das Teilen von Erfahrungen. Auf einer Grundlage von Unterstützung, Anleitung und Erklärung im Beziehungsalltag von Eltern und Kindern wachsen die kindlichen Verstehens-, Erklärungs- und Handlungskompetenzen hin zu einer allmählich wachsenden Autonomie.

4.2 Die Dynamik entwicklungsunterstützender Dialoge

Im Zentrum der Marte-Meo-Arbeit steht die Analyse und (Mit-)Gestaltung menschlicher Dialoge, d.h. von Kommunikations- und Interaktionsprozessen. Das Schema von Papoušek et al. (2004) stellt die Dynamik und die Prozesse der Eltern-Kind-Kommunikation mit ihren zentralen moderierenden Faktoren dar (Abb. 9). Dynamik meint in diesem Zusammenhang die sich durch die Kommunikation selbst organisierende Entwicklungsrichtung in »positiv« oder »negativ« ausgerichtete Valenzen. Nicht dargestellt, aber faktisch verbreitet ist ein mittlerer Bereich von »normaler« oder »neutraler« Valenz, der in der Alltagskommunikation ebenfalls breit vertreten ist. Ziel der Darstellung sind die sich selbst verstärkende Prozessausrichtungen der Kommunikation mit ihren ko-regulierenden und moderierenden Rahmenbedingungen.

Die Dynamik entwicklungsunterstützender Dialoge

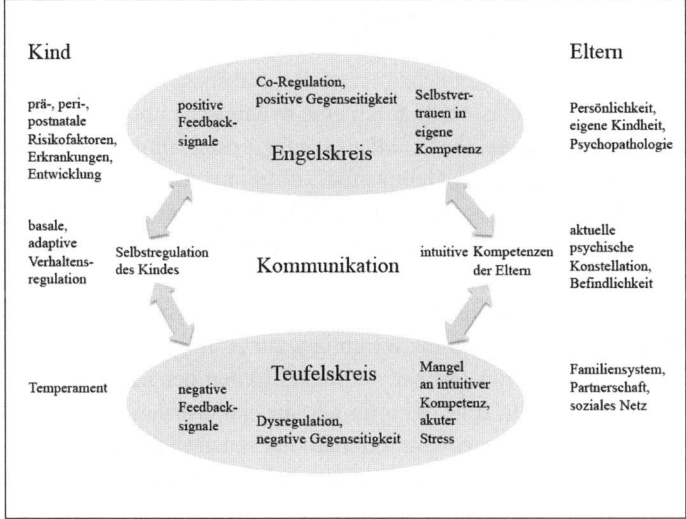

Abbildung 9: Modell der Eltern-Kind-Kommunikation

Die für beobachtungsgeleitete Beratungen bedeutsamen Informationen speisen sich aus der Beobachtung von »Engelskreisen«. Sie suchen nach gelingenden Momenten, deren systematische Beachtung auch dabei helfen kann, »Teufelskreise« in eine positive Dynamik zu überführen.

Eine derartige Arbeit findet im Rahmen einer Videoberatung oder als Marte-Meo-Coaching statt.

Zusätzlich zu den in Abbildung 9 dargestellten Komponenten ist bedeutsam, in welcher Alltagssituation die Kommunikation stattfindet. Es macht einen Unterschied, ob es sich um eine freie Spiel- oder Kommunikationssituation oder um eine Situation mit Strukturierungsbedarf, z. B. eine Essens- oder Zu-Bett-Geh-Situation handelt. Je nach Strukturierungsbedarf bekommen jeweils verschiedene Grundmuster der Kommunikation Gewicht (s. Kap. 4.3).

Beobachtungsgeleitete Beratung orientiert sich an der Alltagserfahrung von Menschen. Im Alltag erfordern unterschiedliche Situationen unterschiedliche Kommunikationsformen. Diese Grundmuster der Kommunikation werden nachstehend dargestellt.

4.3 Grundformen entwicklungsunterstützender Kommunikation

Kommunikation lässt sich durch eine dynamische und wechselseitige Abfolge von *Anschluss finden (joining, pacing)* und *Lenken (leading)* charakterisieren. Gelingende Kommunikation wirkt wie ein »sozialer Tanz«, in dem die Personen beide Kommunikationsmuster aufeinander und die jeweilige Situation abstimmen und dann »spielen lassen«.

Der Begriff »abstimmen« weist auf die herausragende Bedeutung der Stimmen hin, die wesentlich zur Atmosphäre, zur jeweiligen Stimmung der Dialoge beitragen. Neben der Körpersprache transportieren die Töne der Stimmen die emotionalen Gehalte, die Beziehungsaspekte der Kommunikation (Watzlawick et al., 1974).

Voraussetzung eines gelingenden Wechselspiels der Kommunikation ist ein Erwachsener, der eine entwicklungsunterstützende Position gegenüber dem Kind einnimmt und damit relativ verlässlich die Beziehungskomponenten *Verantwortung* und *Echtheit* in das Beziehungsgeschehen einbringt.

Tabelle 5 gibt einen Überblick über die beiden sich ergänzenden Grundformen entwicklungsunterstützender Kommunikation.

Tabelle 5: Grundformen entwicklungsunterstützender Kommunikation

Anschluss finden

Wird erleichtert / moderiert, wenn Eltern / Betreuer:
- den Aufmerksamkeitsfokus bzw. die Initiative des Gegenübers wahrnehmen.
- den Aufmerksamkeitsfokus bzw. die Initiative bestätigen.
- den Aufmerksamkeitsfokus bzw. die Initiativen benennen.
- auf (Re-)Aktionen aktiv warten.

Anschluss finden ermöglicht und erleichtert:
- ein Kennenlernen der »inneren Welt« des Anderen;
- beim Anderen die Erfahrung: »ich werde verstanden, ich bin nicht allein«;
- die wechselseitige Erfahrung der Beziehungskomponenten liebevoller Einfühlung und schöpferischer Distanz (Riemann, 1972).

Positive Anleitung

Wird erleichtert / moderiert durch:
- das Benennen eigener Initiativen / Ideen / Pläne / Wünsche / Gefühle.
- ein »Turntaking«, d. h. ein Wechselspiel in der Kommunikation.
- klare Anfangs- und Endsignale.
- Kooperationstöne.
- Benennen von passenden Lösungen / positiven Optionen / Möglichkeiten.

Positive Anleitung ermöglicht und erleichtert:
- Selbststeuerung;
- ein Angebot zur Strukturierung von Kontexten / Situationen;
- eine Einladung zum Folgen.

Allgemein gilt: Die Voraussetzung für ein Gelingen positiver Lenkung und Anleitung ist, zunächst eine positive Verbindung, einen guten Kontakt zum Kind aufzubauen. Menschen, die sich mit anderen verbunden fühlen, sind eher bereit, Anleitungen zu folgen. Wer Menschen anleiten möchte, sollte daher die Anleitungssituation mit einem positiven Kommunikationsmoment beginnen, bevor eine Aufgabe in Angriff genommen wird.

Den beiden sich ergänzenden Grundformen der Kommunikation, dem »Anschluss finden« und der »positiven Anleitung«, entsprechen zwei grundlegende Sozialisations- und Entwicklungsaufgaben und -ziele des Menschen: Menschen benötigen Unterstützung, um sich zu eigenständigen und eigenverantwortlichen Persönlichkeiten entwickeln zu können. Gleichermaßen brauchen sie eine förderliche Kommunikation, um gemeinschaftsfähig zu werden, d. h., sich in unterschiedlichen sozialen Zusammenhängen kompetent bewegen zu können.

Eltern unterstützen ihre Kinder bei der alltäglichen Arbeit an diesen Entwicklungsaufgaben auf der Ebene der Kommunikation u. a. intuitiv durch Benennen und / oder (An-)Sagen.

Das *Benennen (naming)* erfolgt in den Momenten der spontanen kindlichen Aktionen. Eltern fördern damit die Persönlichkeits- und Sprachentwicklung ihrer Kinder. Durch das Benennen geben sie ein Signal für *elterliche Präsenz* (vgl. Omer u. von Schlippe, 2004) sowie für die *Akzeptanz* des Kindes und seines aktuellen

Verhaltens. Die Erwachsenen üben beim Benennen ihre feinfühlige Wahrnehmung der kindlichen Initiativen und lernen so die Welt der Kinder kennen.

Die nachfolgende Bildfolge (Abb. 10) verdeutlicht, in welcher Abfolge die Eltern Anschluss an ihre Kinder finden, indem sie ihrem Aufmerksamkeitsfokus bzw. ihren Initiativen folgen.

Kinder zeigen anhand ihrer Initiativen, wohin sich ihr Interesse (z. B. an der Umwelt) in einer konkreten Situation richtet. Der Erwachsene beachtet/beobachtet die Wahrnehmung und den Aufmerksamkeitsfokus des Kindes.

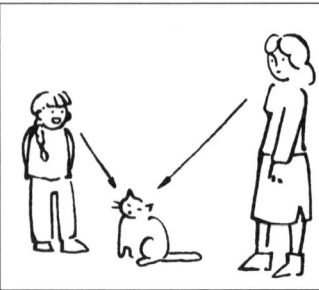

Wenn Erwachsene diesen Entwicklungsinitiativen folgen, lernen sie die Welt der Kinder kennen, sie entwickeln Verständnis für das Kind.

Wenn Erwachsene die kindlichen Initiativen benennen, dient das der sprachlichen Erschließung der kindlichen Welt, der kindlichen Aktivität und der kindlichen Selbstwahrnehmung. Das Benennen vermittelt die Erfahrung einer protektiven Beziehung im Sinne des Teilens und der Verarbeitung von Erfahrungen. Dies unterstützt die Entwicklung von Verständnis und Erklärungskompetenz der Kinder.

Grundformen entwicklungsunterstützender Kommunikation

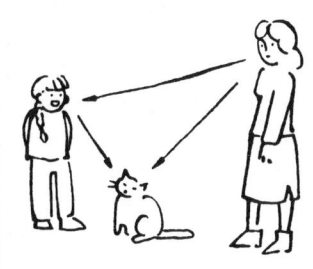

Wenn der Erwachsene die aktuelle Erfahrung, die das Kind macht, beachtet und benennt, gibt er eine Hilfe bei der kindlichen Selbstexploration und der Einschätzung der Situation. Er unterstützt die emotionale Regulation und gibt dem Kind eine kognitive Bewertungshilfe dessen, was geschieht.

In unsicher erlebten Situationen versuchen Kinder zu sehen, wie die Erwachsenen reagieren. Die Reaktion des Erwachsenen trägt zur affektiven Rahmung des Geschehens bei (Unterstützung der kognitiv-affektiven Regulation).

Der Erwachsene gibt eine kognitive und affektive Orientierung sowie eine Bewertungshilfe der Erfahrung.

Der Erwachsene benennt die Erfahrung des Kindes in der Situation/Szenerie und macht dem Kind damit ein Angebot, die Situation/Szenerie zu verarbeiten. Damit bildet er zugleich ein Modell für eine mögliche Verarbeitung ähnlicher zukünftiger Situationen/Szenerien.

Abbildung 10: Eltern finden Anschluss an ihre Kinder

(An-)Sagen (telling) erfolgt meist kurz vor den spontanen kindlichen Aktionen. Damit helfen die Eltern dem Kind, Handlungsabläufe und soziale Modelle einzuüben und soziale Situationen erfolgreich (mit) zu gestalten. Die Erwachsenen üben ihre soziale Rolle als Verantwortungsträger gegenüber dem Kind. Sie üben auf diese Weise zugleich, das Erziehungsgeschehen vorausschauend (mit) zu gestalten. Abbildung 11 verdeutlicht den Ablauf einer positiven Anleitung in einer Situation, in der das Kind gerade mit etwas anderem »beschäftigt« ist.

Der Erwachsene hat eine Idee zur Veränderung der Situation mit dem Kind.

Der Erwachsene folgt zunächst der kindlichen Initiative, bestätigt sie, gibt ein Abschlusssignal und benennt seine Idee als Möglichkeit für das Kind. Der Erwachsene spricht dabei in Kooperationstönen. Das Kind bekommt eine Idee für das, was der Erwachsene verändern möchte.

Der Erwachsene wartet (aktiv) auf eine Reaktion des Kindes. Das Kind kann die Erfahrung machen: »Meine Reaktion ist wichtig.«

Abbildung 11

Probleme mit der positiven Anleitung von Kindern sind ein häufiger Vorstellungsgrund in der Erziehungs- und Familienberatung. Um die jeweilige Botschaft hinter dem konkreten Anleitungsproblem passend einzuordnen, sind die folgenden Unterscheidungen von Bedeutung:

Gedacht heißt noch nicht: gesagt.
Gesagt heißt noch nicht: gehört.
Gehört heißt noch nicht: verstanden.
Verstanden heißt noch nicht: einverstanden sein.
Einverstanden sein heißt noch nicht: anwenden können.
Anwenden können heißt noch nicht: beibehalten.

Diese Konrad Lorenz zugeschriebene mikroanalytische Betrachtung der einzelnen Schritte vom Denken und Sagen bis zum Anwenden und Beibehalten kann mit den geeigneten Fragen und der entsprechenden förderlichen Kommunikation helfen, ein Anleitungsproblem passend einzuordnen und sodann zu lösen, wie Tabelle 6 zeigt.

Tabelle 6

Schritt	Weiterführende explorative Fragen	Förderliche Kommunikation	Folgeschritt
Denken	Hat die Person Wörter/Worte, für das, was sie denkt? Existieren psychische Hemmnisse, z. B. negative Erwartungen?	Für eine positive Beziehungsatmosphäre sorgen. Den Aufmerksamkeitsfokus der Person wahrnehmen und benennen.	Sagen
Sagen	Gibt es situative, akustische, sprachliche oder auditive Einschränkungen oder Hindernisse?	Warten auf eine (rück)bestätigende Information, u. U. Wiederholung mit explizitem Ausdruck; Vergrößerung der Botschaft.	Hören
Hören	Gibt es kognitive oder emotionale Probleme, das Gehörte zu verarbeiten?	Verwendung einfacher Sprache, Benennen möglicher emotionaler Reaktionen, positive Atmosphäre.	Verstehen

Schritt	Weiterführende explorative Fragen	Förderliche Kommunikation	Folgeschritt
Verstehen	Gibt es Raum zum Aushandeln oder geht es um Ansagen und Leiten?	Ansagen in Kooperations- und Leitungstönen, Respekt und Anerkennung der anderen Idee; Benennen von konkreten Gelegenheiten, dieser Idee zu folgen; »Kompromissrhetorik« bzw. klare Anleitung.	Einverstanden sein
Einverstanden sein	Sind die Voraussetzungen für eine Umsetzung der Anleitung gegeben? Hat die Person einen Handlungsplan und Fertigkeiten, das Geforderte umzusetzen?	Detaillierte Anleitung durch Benennen der einzelnen Handlungsschritte vor den Aktionsmomenten, explizite Bestätigungen, benennen der Lernsituation.	Anwenden
Anwenden	Gibt es aktuelle Stressoren? Gibt es Zeit genug, das Gelernte zu festigen? Gibt es Übungsrituale?	Einübungsrituale etablieren, fehlerfreundliche und entwicklungsorientierte und -orientierende Kommunikation.	Beibehalten

Eltern stellen ihre Unterstützung durch Benennen und Ansagen spontan ein, sobald die Kinder die entsprechende kommunikative Kompetenz selbst entwickelt haben und daher von einer äußeren Unterstützung unabhängiger werden.

Die Grundlage positiver Entwicklungsverläufe besteht in der Erfahrung verlässlich gefühlter Beziehungssicherheit. Diese Erfahrung wird durch eine gute Atmosphäre und eine klare Struktur vermittelt.

Die Faktoren, die eine positive Kommunikation einleiten, unterstützen und aufrechterhalten, werden im Marte-Meo-Modell als Marte-Meo-Elemente bezeichnet.

Der Begriff »Element« bezeichnet in diesem Zusammenhang ein stabiles, wiederkehrendes Kommunikationsmuster, das auf dem

Wege vielfacher, variantenreicher Wiederholungen den Aufbau einer verlässlichen positiven Erwartungshaltung, eines positiven »Internal Working Models« (Bowlby, 1975), gegenüber der Bindungsperson bzw. den Beziehungs- und Kommunikationspartnern ermöglicht. Diese Muster schaffen Erfahrungsmöglichkeiten für eine positive Selbstorganisation der Kommunikation.

Eine gute Atmosphäre und eine klare Struktur in der Kommunikation können dabei als (übergeordnete) *Metaelemente* förderlicher Kommunikation verstanden werden. Auf dieser Grundlage lassen sich folgende Kommunikationsverhaltensmuster von Eltern bzw. Betreuern beschreiben (nach Øvreheide u. Hafstad 1996, deutsch: Sirringhaus-Bünder et al., 2001):

1. Der Erwachsene lokalisiert den Aufmerksamkeitsfokus des Kindes.
2. Der Erwachsene bestätigt den Aufmerksamkeitsfokus des Kindes.
3. Der Erwachsene wartet (aktiv) darauf, wie das Kind auf ihn reagiert, und beachtet das Wechselspiel in der Kommunikation.
4. Der Erwachsene benennt die kindlichen und eigenen Initiativen sowie die ablaufenden Ereignisse, Erfahrungen und Gefühle. Darüber hinaus antizipiert er naheliegende Erfahrungen.
5. Der Erwachsene bestätigt erwünschtes Verhalten unmittelbar.
6. Der Erwachsene setzt das Kind in Beziehung zur Welt, indem er dem Kind Personen, Objekte und Phänomene vorstellt.
7. Der Erwachsene sorgt für angemessene Anfangs- und Endsignale der Situation.

Diese Kommunikationselemente schaffen Erfahrungsräume für die Kinder und festigen und beeinflussen durch alltägliche Wiederholungen in verschiedenen Variationen nachhaltig positiv die Entwicklungsprozesse und -verläufe der Kinder und Eltern.

4.4 Entwicklungsunterstützende Kommunikation und kindliche Erfahrungswelten

Menschen entwickeln sich in und durch Beziehungen und Beziehungserfahrungen. Von daher sind menschliche Entwicklungsprozesse, gleich ob man Eltern-Kind-Beziehungen, Paarbeziehungen oder Beziehungen innerhalb professioneller Arbeitszusammenhänge betrachtet, prinzipiell aufeinander bezogene ko-evolutionäre Prozesse, die jeweils einer Eigendynamik unterliegen (Kap. 4.2).

Nachstehend werden die Kernelemente entwicklungsunterstützender Dialoge und ihre Auswirkungen auf beide Dialogpartner dargestellt.[13]

Unsere anfänglichen Darstellungen widmen sich der Bedeutung von Dialogen in der Frühzeit der kindlichen Entwicklung. Dabei gilt unser Interesse zunächst der Entwicklungsdynamik der kindlichen Selbst- und Objektrepräsentanzen[14] und der beteiligten Beziehungs- und Kommunikationserfahrungen. Diese von Stern (2011) im Konzept der Vitalitätsformen beschriebenen Erfahrungen können als moderierende Faktoren des Entwicklungsprozesses gelten.

In der weiteren Darstellung werden die Erfahrungsräume und -möglichkeiten der an den Kommunikationsprozessen beteiligten Kinder und Eltern herausgearbeitet. Unser besonderes Augenmerk gilt den entwicklungs- und resilienzförderlichen Wirkungen konstruktiver Eltern-Kind-Dialoge. Dabei wird auch ein Zusammenhang zum Salutogenesekonzept Antonovskys deutlich.

Die nachfolgenden Darstellungen geben einen Überblick über die Überlegungen Sterns (1998) zur Differenzierung und Integration von Beziehungserfahrungen und – damit zusammenhängend – den kindlichen Selbst- und Objektrepräsentanzen.

---

13 Um die Darstellung nicht zu komplex werden zu lassen, wird hier vom Kind und einem Dialogpartner / Elternteil gesprochen. Dabei ist zu beachten, dass alle weiteren Dialogpartner das Repertoire an Beziehungserfahrungen des Kindes anreichern. Stern (1998, S. 102 ff.) hat versucht, diese Erfahrungsmuster als diverse »Schemata des Zusammenseins« konzeptuell zu erfassen. Diese Schemata bilden demnach jeweils eigene Muster vernetzter Repräsentationen des Säuglings.

14 Da sich die Darstellung weitgehend an den Ausführungen von Stern orientiert, behalten wir in diesem Zusammenhang auch seine psychoanalytisch geprägte Terminologie bei.

Kindliche Erfahrungswelten

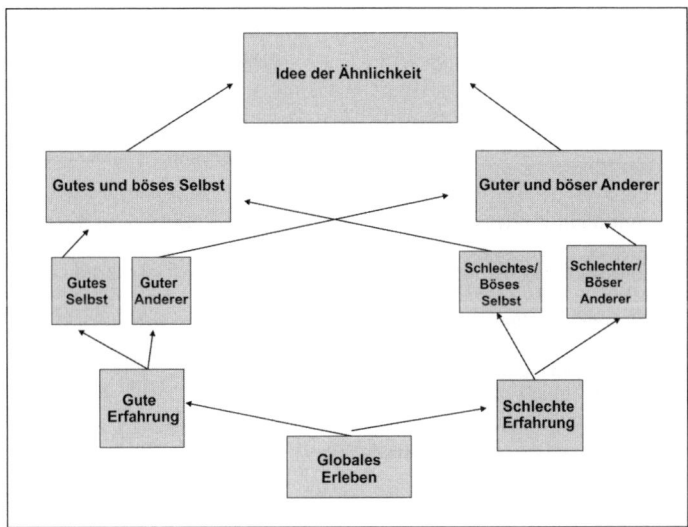

Abbildung 12

Ausgangspunkt dieses Übersichtsmodells (Abb. 12) ist das globale Erleben des Säuglings, das sich durch bedeutsame Beziehungserfahrungen allmählich bis zu reifen Selbst- und Objektrepräsentanzen differenziert. Die Pfeile verweisen dabei in die Richtung der (progredienten) Entwicklungsdynamik. Sobald man sie umkehrt, das Schema also andersherum liest, lässt sich durch dieses Modell eine Regressionsdynamik darstellen, die für klinische Überlegungen interessant sein kann.

Stern nimmt an, dass sich beim Säugling zuerst eine Differenzierung von guten und schlechten Erfahrungen herausbildet und erst danach eine Selbst-Objekt-Differenzierung erfolgt.

Unter der Leitperspektive entwicklungsunterstützender Kommunikation lassen sich in diesem Prozess Beziehungsqualitäten ausmachen, die als eine Art moderierende Faktoren das Beziehungsgeschehen und damit den gemeinsamen Entwicklungsprozess mitgestalten. Diese werden in Abbildung 13 zusammenfassend dargestellt.

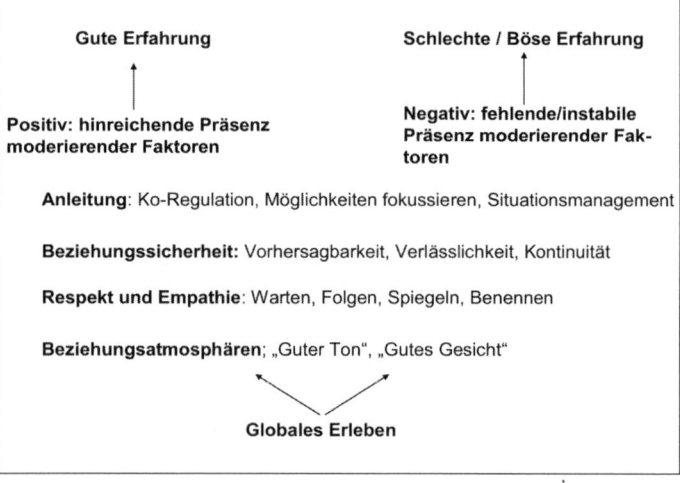

Abbildung 13

In vielfältigen weiteren Beziehungserfahrungen entwickeln sich verschiedene Selbst- und Objektrepräsentanzen, die, wie Stern annimmt, zunächst nach den Erfahrungsqualitäten »Gut / Böse« unterschieden werden[15].

Abbildung 14 gibt einen Überblick über den weiteren Differenzierungsprozess und seine moderierenden Faktoren im frühen Beziehungserleben.

Dieser Entwicklungsphase der Trennung zwischen »guten« und »bösen« Erfahrungen und Objekten, die besonders in der psychoanalytischen Theorie Melanie Kleins als Phase der »Objektspaltung« (Laplanche u. Pontalis, 1973, S. 344 ff.) diskutiert wurde, folgen Prozesse, die zur Integration guter und böser Selbst- und Objektvorstellungen führen und in denen sodann die Erfahrung von Ambivalenz möglich wird. Die Integrationsleistung mündet schließlich in der reifen Idee der *Ähnlichkeit* von Menschen.

Die Idee der Ähnlichkeit ermöglicht Mitgefühl und Akzeptanz des Kommunikationspartners und kann als Antidot zu den Prozes-

---

15 In den Beschreibungen von Borderline-Persönlichkeiten gilt ein Aufrechterhalten dieser Objektspaltung als Hauptabwehrmechanismus (Dulz u. Schneider, 2001, S. 35 f.).

Kindliche Erfahrungswelten

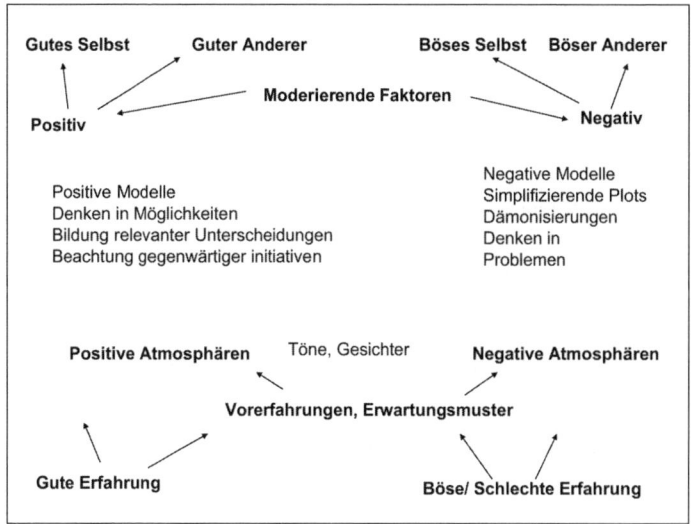

Abbildung 14

sen der Dämonisierung anderer gelten: »Der Prozess der Dämonisierung geschieht durch Nicht-Identifikation – der Andere wird mehr und mehr als grundverschieden von uns angesehen« (Omer et al., 2007, S. 72). Wo das Gegenüber als uns ähnlich empfunden und behandelt wird, sind die Grundlagen eines reifen, humanen Dialoges gelegt: »Dadurch, dass wir seinen Handlungen, Gedanken und Gefühlen einen gleichwertigen Wirklichkeitsstatus zumessen, können wir den Anderen als menschliches Wesen wahrnehmen, der uns auch in seinen schlimmsten Verfehlungen im Grunde ähnlich ist« (Omer et al., S. 72). Die Idee der Ähnlichkeit lässt keine Feindbilder entstehen und entzieht den negativ eskalierenden Teufelskreisen der menschlichen Kommunikation ihre Grundlagen.

Abbildung 15 stellt einige der bedeutsamen moderierenden und unterstützenden Faktoren dieses Integrationsprozesses dar.

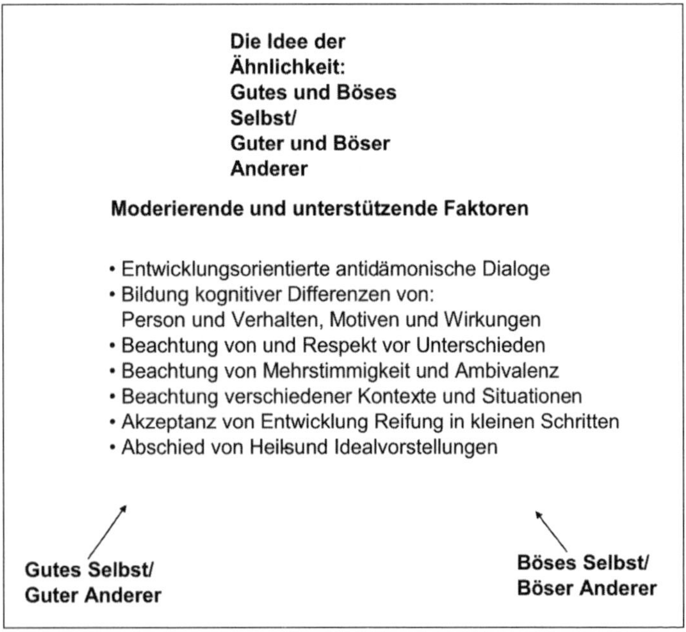

```
┌─────────────────────────────────────────────────────────────┐
│                    Die Idee der                             │
│                    Ähnlichkeit:                             │
│                    Gutes und Böses                          │
│                    Selbst/                                  │
│                    Guter und Böser                          │
│                    Anderer                                  │
│                                                             │
│          Moderierende und unterstützende Faktoren           │
│                                                             │
│        • Entwicklungsorientierte antidämonische Dialoge     │
│        • Bildung kognitiver Differenzen von:                │
│          Person und Verhalten, Motiven und Wirkungen        │
│        • Beachtung von und Respekt vor Unterschieden        │
│        • Beachtung von Mehrstimmigkeit und Ambivalenz       │
│        • Beachtung verschiedener Kontexte und Situationen   │
│        • Akzeptanz von Entwicklung Reifung in kleinen Schritten │
│        • Abschied von Heils und Idealvorstellungen          │
│                                                             │
│                    ╱                           ╲            │
│                   ╱                             ╲           │
│     Gutes Selbst/                         Böses Selbst/     │
│     Guter Anderer                         Böser Anderer     │
└─────────────────────────────────────────────────────────────┘

Abbildung 15

Diese Darstellung von moderierenden Faktoren des frühen Entwicklungsgeschehens verbleibt zunächst noch in relativ abstrakten Begriffsbildungen, die nach einer eingehenderen Beschreibung verlangen. Im nachstehenden Kapitel werden die Verhaltens- und Handlungsstrategien der verantwortlichen Erwachsenen, die aus den Marte-Meo-Elementen erwachsen, daraufhin betrachtet, welche wechselseitigen Erfahrungen sie ermöglichen.
```

4.5 Entwicklungsunterstützende Kommunikation und die Öffnung von Erfahrungsräumen

Die folgenden Darstellungen widmen sich den förderlichen und unterstützenden Kommunikations- und Verhaltensweisen in der Eltern-Kind-Kommunikation. Damit ist jedoch keinesfalls gemeint, dass Eltern immer, sozusagen zu 100 Prozent, förderlich mit ihrem Kind kommunizieren müssen, damit es sich gut entwickelt. Stattdessen bietet hier der Gedanke Winnicotts von der »hinreichend guten Mutter« eine hilfreiche Orientierung: »Winnicott [hat] die Idee der ›guten Mutter‹ kritisch hinterfragt als eine Idee, die zu totalitären (Selbst)Beschreibungen einlädt und dieser im Sinne einer entwicklungsorientierten Narration die Idee der hinreichend guten Mutter (›good enough mother‹) gegenüber gestellt. Damit bietet er einen realistischeren und menschenfreundlicheren Plot an: Es geht nicht um die Verwirklichung eines Ideals. Eine ›good enough mother‹ darf, ja sollte sogar fehlerhaft sein, menschlich eben« (Hawellek u. von Schlippe, 2008).

Auch Freud hatte sich schon geweigert, Ratschläge zur Erziehung zu geben. Er hielt sie für eine unmögliche Aufgabe in dem Sinne, dass es unmöglich ist, immer alles »richtig« zu machen. Wie im obigen Zitat angedeutet, könnte es paradoxerweise sogar falsch werden, immer alles richtig zu machen, weil die Kinder dann große Probleme bekämen, sich aus solch einer idealen Elternbeziehung abzulösen. Zudem gäbe es in diesem Fall kaum Gelegenheiten, Konfliktbewältigungsstrategien mit Elternfiguren zu entwickeln. Mit Blick auf die Frage nach einem förderlichen Ausmaß entwicklungsunterstützender Kommunikation bietet das Winnicott'sche Konzept der hinreichend guten Beelterung daher eine gute Orientierung.

Maria Aarts (mündl. Mitteilung) gibt die pragmatische Empfehlung, dass, bemessen an der gesamten Alltagskommunikation von Eltern und Kindern, die unterstützend-förderliche Kommunikation überwiegen sollte. Diese Maßgabe lässt sich sicherlich noch anhand des Entwicklungsstandes und der Entwicklungsanforderungen der Kinder relativieren.

Bei den menschlichen Wahrnehmungsprozessen spielen die auditive und visuelle Wahrnehmung eine herausragende Rolle. Die Töne und Stimmen, die Stimmungen der an der Kommunikation Beteiligten transportieren die Stimmung des Gegenübers und gestalten die Beziehungsatmosphären.

Anhand von Gesichtern erfassen die Kinder und Eltern sehr schnell, in welchen Zustand sich das Gegenüber gerade befindet und wie die aktuelle Situation und Beziehung vom anderen verarbeitet wird.

Auf diese Weise sind Töne und Gesichter einerseits Ausdruck der aktuellen emotionalen Beziehung zu einem bestimmten Zeitpunkt, andererseits nehmen sie direkten Einfluss auf den Verlauf des weiteren Beziehungsgeschehens.

Ein gutes Gesicht und ein guter Ton der Eltern schaffen Beziehungsatmosphären, in denen die Kinder die Erfahrung machen können, dass sie angenommen werden und erwünscht sind. Die Erfahrung könnte heißen: »Meine Eltern mögen mich, ich bin eine liebenswerte Person.« Wenn eine derartige Erfahrung alltäglich stattfinden kann, also nachhaltig wirkt, dient sie der Grundlegung eines positiven Selbstbildes. In der personenbezogenen Psychotherapie wird eine solche Beziehungserfahrung als »positive Wertschätzung« bezeichnet (Rogers, 1973) und gilt allgemein als Voraussetzung und Grundlage pädagogischer und therapeutischer Arbeit.

In aktuellen Stresssituationen schaffen stabile positive Beziehungsatmosphären eine wichtige Voraussetzung dafür, die Affektregulation des Kindes positiv zu gestalten. Kinder können dann lernen, sich an positiven Stimmungen auszurichten bzw. nicht im Negativaffekt zu verharren. Solche Beziehungserfahrungen sind etwa in Situationen des Tröstens und Aufmunterns zu erleben. In derartigen Situationen ist eine typische »Troststimme« zu beobachten (Petzold, mündl. Mitteilung), deren Intonation sich am Ende der tröstenden Worte senkt. An den Trost schließt sich häufig eine Aufmunterung an, mit der die Eltern eine Perspektive, einen Blick nach vorn vermitteln: »Ja, das tat weh ... ist ja gleich vorbei ...« und Ähnliches.

Eltern, denen es gelingt, sich positiv auf ihr Kind einzustimmen, bekommen zumeist eine positive Resonanz vom Kind. Sie können sich dann als bedeutsame Bezugspersonen für ihr Kind erleben. Auf diesem Wege können sich positive Repräsentationen vom Kind und vom Zusammensein mit dem Kind ausbilden und festigen.

Kinder zeigen durch die Ausrichtung ihres Aufmerksamkeitsfokus und ihrer Initiativen, wohin sich ihr Interesse in der gegebenen

Situation richtet. Diese Initiativen zu beachten heißt, der spontanen Entwicklungsenergie des Kindes zu folgen und diese zu unterstützen. Wo dies gelingt, kann leicht ein »Engelskreis« positiver Gegenseitigkeit (vgl. Kap 4.2) entstehen.

Da jede Interaktion zum Aufbau neuer Erwartungsmuster sowohl in Bezug auf die gemeinsame Situation wie auch in Bezug auf den Interaktionspartner beiträgt, können schnell Positiv- oder Negativdynamiken in der Interaktion entstehen. Die Negativdynamiken können leicht einen Verlauf nehmen, der klinisch bedeutsam wird und zu Anfragen nach professioneller Beratung und Therapie führt.

Wenn Eltern in ihrem Alltag in der Lage sind *wahrzunehmen, wohin sich die Aufmerksamkeit oder Initiative des Kindes in einer konkreten Situation richtet,* und diese Initiative des Kindes in den Aktionsmomenten *bestätigen,* kann das Kind die Erfahrung machen: »Ich werde wahrgenommen, das, was ich tue, was mich beschäftigt, ist bedeutsam, also bin ich bedeutsam und ich bin jemand, der aktiv handelt. Meine Eltern sind da, präsent und bekräftigen meine Idee, Aktion, Sichtweise oder Gefühl.« Auf diese Weise werden Selbstwirksamkeitserfahrungen ermöglicht, die die Basis des Selbst(wert-)gefühls bilden.

Gleichzeitig lernen Eltern die Welt ihrer Kinder kennen sowie die Eigenarten und das Tempo, mit dem das Kind auf die Umwelt einwirkt und reagiert. Wenn Eltern auf diese Weise Verständnis für ihre Kinder bekommen, kann diese Beziehungserfahrung wiederum in die nächsten Kommunikationssituationen einfließen und die positive Dynamik unterstützen und festigen. Auf diesem Wege werden Eltern »Experten« für ihr Kind, eine Erfahrung, die bei Irritationen oder Krisen helfen kann, leichter zur Beziehungssicherheit mit dem Kind zurückzufinden.

Wenn Eltern in ihrem Alltag in der Lage sind, *aktiv auf Initiativen und Reaktionen des Kindes zu warten,* und auf diese Weise das Wechselspiel (Turntaking) in der Kommunikation beachten und unterstützen, kann das Kind die Erfahrung machen: »Meine Initiativen und Reaktionen sind es wert, darauf zu warten, also sind sie bedeutsam; das, was sich in mir entwickelt und was ich mitteile, ist bedeutsam.«

Auf diese Weise wird Vertrauen in die eigenen Reaktionen gebildet, sie können wertgeschätzt werden. Daraus kann sich die Idee entwickeln, dass es sich lohnt, zu (re-)agieren. Das Kind bekommt von den Eltern eine »schöpferische Distanz« (Riemann) zuerkannt, die als Grundlage aller kreativen Prozesse gelten kann. Ebenso lernt es den Rhythmus des kommunikativen Wechselspiels kennen und die Aktionen und Re-Aktionen seines Gegenübers zu beachten.

Damit ist auch die Idee einer prinzipiellen kommunikativen Gleichrangigkeit gebahnt: Jeder erhält seinen Platz und damit seine Bedeutung im kommunikativen Geschehen. Das aktive Warten signalisiert eine grundlegende Be-Achtung und in der Folge eine Achtung vor den Äußerungen des Gegenübers und schafft damit ein Modell für ein respektvolles Miteinander bzw. ein »Respektmodell« (Aarts, 2009).

Eltern bilden durch ein solches Modell die Grundlage dafür, vom Kind als eigenständige Personen betrachtet und behandelt zu werden. Sie bilden dann ein Gegenüber zum Kind, eine Konfiguration, die zu späteren Zeiten von Auseinandersetzung Sicherheit gibt.

Wenn Eltern in ihrem Alltag in der Lage sind, *der kindlichen Aufmerksamkeit und den kindlichen Initiativen zu folgen,* kann sich im Kind die Erfahrung festigen: »Meine Ideen und Initiativen finden positiven Widerhall, sie werden wertgeschätzt, ich kann dem, was in mir ist und was ich ausdrücke, trauen.« Auf diese Weise wird das Vertrauen in die eigene Aktionsfähigkeit gefestigt und damit Selbstsicherheit entwickelt.

Eltern, die den kindlichen Initiativen folgen, praktizieren Einfühlung in das Kind. Sie können auf diese Weise Verständnis dafür erlangen, wie sich die kindliche Erfahrungswelt anfühlt, ohne ihre entwicklungsunterstützende Position (vgl. Kap. 4.1) aufzugeben.

Wenn die Erwachsenen die kindlichen Initiativen oder Erfahrungen in den jeweils aktuellen Momenten benennen, bemerkt das Kind, dass die Erwachsenen ihm folgen, und macht die Erfahrung einer aktuell fürsorglich-protektiven Beziehung.

Wenn Eltern in ihrem Alltag in der Lage sind, *die kindlichen Initiativen zu benennen,* kann das Kind die Erfahrung machen: »Ich bekomme Worte, Wörter und Ideen für das, was ich tue, erlebe, und das, was geschieht.« Besonders in den sprachsensiblen Entwicklungsphasen, aber auch darüber hinaus, unterstützen die Erwachsenen auf diese Weise die sprachliche Erschließung der Welt, des eigenen und des kindlichen Tuns, der Selbst- und Fremdwahrnehmung. Sie vermitteln dadurch eine protektive Beziehung im Sinne des Teilens und der Verarbeitung von Erfahrungen.

Wenn der Erwachsene die kindlichen Erfahrungen beachtet und benennt, gibt er eine Hilfe bei der Selbstexploration des Kindes und der Einschätzung und affektiven Rahmung konkreter Situationen. Damit wird die kindliche Fähigkeit unterstützt, Affekte zu regulieren. Ein derartiges Verhalten ist ein Angebot für das Kind, die Situation oder Szenerie zu verarbeiten. Gleichzeitig wird damit ein Modell für die Verarbeitung zukünftiger ähnlicher Situationen und Szenen gebildet.

Durch das Benennen unterstützen die Erwachsenen das Sinnverständnis, die Beschreibungs-, Erklärungs- und Bewertungskompetenzen des Kindes. Dem Kind wird so möglich, ein Gefühl von *Verstehbarkeit und Sinnhaftigkeit* der Welt zu entwickeln, das in der Salutogeneseforschung als eine der zentralen Komponenten seelischer Gesundheit gilt (Antonovsky, 1997).

In aktuellen Stresssituationen kann das Benennen der aktuellen Erfahrung eine positiv regulierende Bedeutung bekommen: »Jemand versteht, was ich gerade erlebe und wie es mir dabei geht. Ich bin nicht allein, meine Erfahrung ist in der Beziehung aufgehoben.«

Durch das Folgen und Benennen geben die Erwachsenen dem Geschehen um das Kind herum Bedeutung. Sie schaffen für das Kind und für sich in Sprache gekleidete Erfahrungs- und Sinnwelten, die zu Bausteinen einer gemeinsamen Narration werden.

Wenn die Eltern in ihrem Alltag in der Lage sind, *ihre eigenen Initiativen in einer konkreten Situation zu benennen,* können Kinder die Erfahrung machen: »Der Erwachsene sagt mir, was geschehen wird, ich kann mich orientieren, vorhersehen und nachvollziehen, was er / sie tut plant, denkt oder fühlt.« Auf diesem Wege lernen Kinder ihre Bezugspersonen kennen, verstehen und einschätzen. Sie lernen darüber hinaus die Welt durch die Augen ihrer Bezugspersonen kennen, verstehen und einschätzen. Mit zunehmendem Alter können die Kinder auf dieser Grundlage lernen, differenzierte Einschätzungen verschiedener Personen und Persönlichkeiten vorzunehmen. In den gemeinsamen Situationen mit den Kindern werden Eltern, die ihre Initiativen benennen, für ihre Kinder präsent (Omer u. von Schlippe, 2004) und vorhersagbar. Die Erfahrung von Vorhersagbarkeit macht die Bezugspersonen für die Kinder berechenbar sowie verlässlich und wirkt auf der affektiven Ebene der Kommunikation entängstigend. Vorhersehbarkeit bildet zudem modellhaft die Grundlage aller Formen von gelingender Kooperation, ein »Kooperationsmodell« (Aarts, 2009), und ermöglicht planvoll abgestimmtes gemeinsames Handeln.

Wenn die Eltern in ihrem Alltag in der Lage sind, *das zur Situation passende Verhalten unmittelbar zu bestätigen und weitere Handlungsmöglichkeiten zu benennen,* kann das Kind die Erfahrung machen: »Der Erwachsene hilft mir zu erkennen, was in diesem Moment passt.« Auf diese Weise lernt das Kind den Aufbau verschiedener Handlungskompetenzen. Außerdem lernt es, verschiedene Situationen adäquat einzuschätzen und sich auf dieser Basis kompetent zu verhalten. Wenn der Erwachsene weitere erfolgreiche Möglichkeiten benennt, lernen Kinder allmählich in Möglichkeiten zu denken, also sich zuerst darauf zu konzentrieren, was als Nächstes passen könnte. Wenn ein solcher Erfahrungsspielraum eröffnet wird, können die Kinder lösungsorientierte Handlungs- und Denkmuster entwickeln und lernen, sich selbst in neuen und/oder schwierigen Situationen »an die Hand zu nehmen« und anzuleiten. Auf diesem Boden entwickeln Kinder ein *Gefühl der Handhabbarkeit,* das von der Salutogeneseforschung als eine weitere Grundkomponente der seelischen Gesundheit verstanden wird.

Wenn die Eltern in ihrem Alltag in der Lage sind, *verschiedene Situationen durch Anfangs- und Endsignale zu markieren,* kann das Kind die Erfahrung machen: »Ich lerne die Verschiedenheit und Vielfalt von Situationen kennen; ich bekomme eine Unterstützung dabei, etwas abzuschließen und etwas Neues zu beginnen.« Die Fähigkeit, klare Abschlüsse zu bilden und etwas Neues positiv zu beginnen, wird das ganze Leben hindurch benötigt. Durch einen guten Anfang und Abschluss werden dauernd Übergänge zwischen verschiedenen Situationen und Zuständen moderiert.

Das elterliche Verhalten, Situationen klar zu beginnen und zu beenden, hilft den Kindern darüber hinaus, verschiedene Kontexte zu unterscheiden, d. h., Abläufe und Situationen verschiedenen Handlungsmodellen zuzuordnen und allmählich immer differenziertere »innere Landkarten« von seinen Lebenswelten auszubilden. Ebenso werden Unterscheidungen globaler Kontexte wie »Spaß und Ernst« oder »Spiel und Wirklichkeit« ermöglicht. Eine so entstandene innere

Ordnung trägt dazu bei, verschiedensten Anforderungen jeweils situationsadäquat, »passend«, d. h., im sozialen Miteinander auch »taktvoll« zu begegnen.

Die einzelnen Kommunikationsmuster müssen, um förderlich zu wirken, auf die jeweils konkrete Alltagssituation bezogen und auf sie »hinkomponiert« werden. Dabei spielen die Ermöglichung und Aktivierung von eigenen Ressourcen und *Selbstwirksamkeitserfahrungen* der beteiligten Interaktionspartner eine wesentliche Rolle. Alle beschriebenen Kommunikationselemente liefern dazu, wie oben prototypisch dargestellt, bedeutsame Beiträge.

Im Marte-Meo-Modell ist die Aktivierung positiver Selbstwirksamkeitserfahrungen Programm. Dies ist schon aus der Bedeutung des Begriffes herauszulesen. *Marte Meo* ist ein von Maria Aarts geprägter Neologismus, der aussagt, »aus eigener Kraft, auf eigene Art und Weise, auf eigene Faust« etwas zu erreichen, zu entwickeln oder auch zu bewältigen. Wenn Kindern durch unterstützendes Eltern- und Caregiver-Verhalten ermöglicht wird, sich im Verständnis und Handeln als kompetent zu erfahren, bilden diese Erfahrungen von »Urheberschaft«, »Selbst-Kohärenz«, »Selbst-Affektivität« und »Selbst-Geschichtlichkeit« (vgl. Stern, 1992, S. 106 f.) schließlich ein positives organisiertes Selbstempfinden des Kindes.

Die Kommunikationsmuster ermöglichen alltägliche Selbst- und Beziehungserfahrungen, die die seelische Gesundheit von Kindern nachhaltig unterstützen und fördern können, wie ein kurzer Blick auf das Salutogenesekonzept bestätigt:

Das von Aaron Antonovsky (1923–1994) beschriebene Konstrukt des *Kohärenzgefühls* gilt als zentrale psychologische Entsprechung von seelischer Gesundheit und lässt sich in die nachstehenden drei Komponenten gliedern:

- Das Gefühl der *Verstehbarkeit* beschreibt die Fähigkeit von Menschen, (auch unbekannte) Stimuli als konsistente, strukturierte Informationen verarbeiten zu können. Diese Komponente der seelischen Gesundheit wird durch das Folgen und Benennen der kindlichen Erfahrungen nachhaltig gefördert.
- Das Gefühl von *Handhabbarkeit / Bewältigbarkeit* beruht auf der Überzeugung, dass Schwierigkeiten lösbar sind, und dem Glauben, dass man geeignete Ressourcen zur Verfügung hat, um den Anforderungen zu begegnen. Das Gefühl der Handhabbarkeit

wird besonders in Momenten positiver Anleitung und Bestätigung nachhaltig unterstützt.
- Mit dem Gefühl von *Sinnhaftigkeit/Bedeutsamkeit* ist gemeint, dass sich Anstrengungen lohnen, Probleme Herausforderungen sind und sich eine »Investition« in Engagement lohnt. Dieses Gefühl der Sinnhaftigkeit, Zuversicht und Hoffnung wird durch ein elterliches Verhalten unterstützt, das Handlungs- und Betrachtungsmöglichkeiten in praktischen Situationen hervorhebt und nicht die möglichen Probleme. Wenn Eltern in der Lage sind, Kinder kompetent anzuleiten, geben sie ihnen auch Copingstrategien mit, die ihnen helfen, nicht bei einem Problem zu verharren, sondern zukünftige und naheliegende Gelegenheiten z. B. zur Problembewältigung in den Blick zu nehmen. Eine solche Vermittlung verbindet zumeist eine Einfühlung der Eltern in die aktuelle Gefühlslage mit dem Ausblick auf einen zukunftsfähigen Handlungsschritt: »Ja, das ist noch nicht so gut gelungen, aber schau einmal, wenn du es so machst, kann es besser werden.« Eine derartige positive Anleitung erfordert und befördert ein auf die aktuellen und zukünftigen Gelegenheiten und Möglichkeiten hin ausgerichtetes Denken der Interaktionspartner.

Das Zusammenspiel all dieser im Selbsterleben der Kinder sich im Laufe der Entwicklung festigenden Gefühle und Überzeugungen wird insbesondere bei späteren Erschütterungen, Krisen und Herausforderungen zu einem zentralen Resilienzfaktor.

4.6 Entwicklungsunterstützende Kommunikation und klinische Konzepte

Prozesse einer positiven und förderlichen Beeltterung von Kindern haben deutliche Entsprechungen zu der klinischen Arbeit mit Psychotherapiepatienten. Auch der Psychotherapie geht es um die Unterstützung und Entwicklungsförderung bzw. um »Entwicklungsförderung durch Therapie« (Fürstenau, 1994). Spätestens jetzt stellt sich die Frage nach der Beziehung entwicklungsunterstützender Kommunikation zu den geläufigen klinischen Handlungskonzepten. Um dieser

Frage nachzugehen, werden die förderlichen Kommunikationselemente zu verschiedenen tiefenpsychologischen, personzentrierten und systemischen klinischen Konzepten in Beziehung gesetzt.

In einer tiefenpsychologischen Perspektive folgen wir im Wesentlichen den Überlegungen Riemanns (1972, 1978) zur antinomischen Dynamik menschlicher Entwicklungsaufgaben und den daraus möglicherweise entstehenden typischen Grundformen der Angst und Angstabwehr (Riemann, 1978). Diesen Grundformen entsprechen aus der Sicht der strukturellen Familientherapie jeweils typische Muster in den familiären Kommunikationssystemen (Minuchin, 1981).

Riemann unterscheidet vier zentrale Entwicklungsaufgaben, die den Menschen jeweils in eine Dynamik von zwei polaren Kräften stellt. Menschen stehen vor der Anforderung, eine eigene, individuelle Persönlichkeit zu entwickeln, wie vor der gegenläufigen Anforderung, stabile Bindungen und vertrauensvolle Beziehungen aufzubauen. Diese Anforderungen finden ihre Entsprechung in den »Grundformen der Kommunikation« (vgl. Kap. 4.3), die unterstützende Verhaltensweisen passend für die jeweilige Entwicklungsaufgabe anbieten.

Als weitere Aufgabe stehen Menschen vor der Anforderung, sowohl stabile verlässliche und verbindliche Zielorientierungen zu entwickeln als auch sich wechselnden Gegebenheiten und Situationen zu stellen, also Wandel und Veränderungen zu vollziehen.

Menschen lernen in den nahen und vertrauten Beziehungen diejenigen Fähigkeiten, die erforderlich sind, sich diesen Entwicklungsaufgaben kompetent zu stellen und sie zu bewältigen. Diese Fähigkeiten werden in der alltäglichen Interaktion und Kommunikation durch kompetentes Eltern- und Caregiver-Verhalten unterstützt und gefördert.

Sobald einzelne konkrete Situationen betrachtet werden, verschwindet die in der Riemann'schen Konzeption angelegte polare Spannung, weil jede Situation jeweils andere Anforderungen stellt und damit je spezifische, zur Situation passende Beziehungsformen und -fähigkeiten eingeübt und unterstützt werden können. Auf die Gesamtheit des Sozialisations- und Individuationsprozesses hin betrachtet, gelingt gut entwickelten, gesunden Personen, eine dynamische Balance zwischen den polaren Entwicklungsanforderungen zu finden, die der jeweils konkreten Situation entspricht. Von daher

ist die gegenläufige Spannung zwischen Individuation und Sozialität wie zwischen Dauerhaftigkeit und Wandel nur in der abstrakten Darstellung, nicht aber in der alltäglichen Lebenswelt gegeben.
Für die nachhaltige Entwicklung menschlicher Beziehungsfähigkeit sind nach Riemann (1972) vier Komponenten des Eltern- oder Caregiver-Verhaltens als (relativ) überdauernde und verlässliche Verhaltensqualitäten unabdingbar. Es handelt sich um:
- die Fähigkeit, dem Kind *schöpferische Distanz* einzuräumen,
- dem Kind *liebevolle Einfühlung* entgegenzubringen,
- *Verantwortung* gegenüber dem Kind zu übernehmen,
- *Echtheit* in der Kommunikation zu wahren.

In einer ontogenetischen Perspektive bauen diese Komponenten aufeinander auf (vgl. Riemann, 1972) und ermöglichen langfristig die Entstehung der individuellen *Beziehungsfähigkeit* aus Entwicklungsstadien von Konfluenz, Kontakt und Begegnung (vgl. Petzold, 1986).

Im Rahmen der Konzeptualisierung seiner personzentrierten Psychotherapie hat Carl R. Rogers ebenfalls wachstumsförderliches Therapeutenverhalten charakterisiert. Ein Therapeut unterstützt das Persönlichkeitswachstum seines Klienten, wenn er ihm positive Wertschätzung, Echtheit und Kongruenz entgegenbringt und darüber hinaus die emotionalen Erlebnisinhalte des Klienten im Hier und Jetzt der therapeutischen Begegnung und Beziehung verbalisiert (Rogers, 1972, 1973). Die dargestellten Konzeptbildungen eint der Anspruch, allgemeine Aussagen über Beziehungsqualitäten zu treffen. Damit wird allerdings noch nicht deutlich, woran z. B. genau zu sehen ist, wann Eltern ihren Kindern gegenüber »schöpferische Distanz« wahren oder wertschätzend kommunizieren.

Beobachtungsgeleitete Beratungsarbeit wird hier zum »Missing Link«, indem die Möglichkeit geschaffen wird, die abstrakten Beschreibungen anhand von Videointeraktionsanalysen mit konkreten Beobachtungen zu verbinden. Auf dem Wege einer einfühlenden Beobachtung werden im Beratungssetting Räume geschaffen, die es ermöglichen, abstrakte Bedeutungen mit Erfahrungen der eigenen Lebenspraxis zu füllen.

Auf der Mikroebene von Beziehungsgestaltung, die in den Videointeraktionsanalysen sichtbar wird, lassen sich den genannten Beziehungsqualitäten folgende elterliche Fähigkeiten zuordnen:

Schöpferische Distanz zeigt sich in der elterlichen Fähigkeit und Fertigkeit[16], dem Kind (Säugling) Raum und Zeit für die Entwicklung eigener Initiativen zu geben, d. h. im Wesentlichen, auf Aktionen und Reaktionen *warten* zu können. Darüber hinaus sorgen kompetente Eltern durch ein gut ausgeprägtes *Wechselspiel (Turntaking)* in der Kommunikation mit dem Kind für einen Rhythmus in der Kommunikation, der dem Kind einen eigenen Platz als ein Gegenüber einräumt und sozusagen »freihält«.

Eine derartige elterliche Haltung ist von dem Respekt vor der Integrität des Kindes geprägt. Im Zusammenhang mit der elterlichen Fähigkeit, auf die kindlichen (Re-)Aktionen warten zu können, spricht Aarts gern von einem *Respektmodell,* das prototypisch für alle mitmenschlichen Beziehungen gelten kann. Dies wiederum setzt voraus, dass Eltern in der Lage sind, den Säugling als ein eigenständiges menschliches Mitsubjekt zu sehen und zu behandeln.

Beim Warten auf die Reaktion eines anderen Menschen entsteht ein *Moment prinzipieller Unvorhersehbarkeit,* den auszuhalten manchen Menschen Schwierigkeiten bereitet, insbesondere, wenn dieser Moment innerlich mit dem Verlust von (natürlich nur scheinbarer) Kontrolle verbunden wird. Sobald das Kind als ein eigenständiges Subjekt gesehen wird, müssen auch seine (Re-)Aktionen als grundsätzlich *unverfügbar* betrachtet werden (vgl. Hawellek, 1989).

Aus der Perspektive des Kindes entsteht, insbesondere dann, wenn ein aktives Warten, d. h. ein körpersprachlich vermitteltes Warten, empfunden wird, ein Gefühl von Bedeutsamkeit der eigenen Antwort und eine Bekräftigung des Gefühls des eigenen Freiraums.

Wenn Eltern den (Re-)Aktionen des Kindes Raum geben, sorgen sie für eine angemessene Beelterung und eine zur Situation passende Reizauswahl. Die Wahrung einer schöpferischen Distanz dient dem *Schutz vor einer unangemessenen Überstimulierung* des Kindes.

Darüber hinaus ist der je eigene Reaktionsraum eine wesentliche Voraussetzung aller kreativen Prozesse. Aus diesem Grund spricht Riemann auch von der *schöpferischen* Distanz, die es ermöglicht, einen ganz eigenen Beitrag zum Interaktionsgeschehen zu liefern.

---

16 Die Differenzierung zwischen Fähigkeit und Fertigkeit entspricht dem Unterschied zwischen Kompetenz und Performanz. Demnach ist unter einer Fertigkeit eine »Fähigkeit in Aktion« zu verstehen.

Eine solche Distanz steht im frühen Interaktions- und Entwicklungsgeschehen immer innerhalb einer protektiven Beziehung, die eine haltende Matrix (Winnicott, 1994) für die beschriebenen Prozesse bildet. Die schöpferische Distanz unterstützt die Entwicklungsaufgabe von Menschen, sich als einmalige Personen auch gegenüber anderen zu unterscheiden.

Wenn längerfristig und wiederholt nicht gewährleistet ist, dem Kind schöpferische Distanz zu gewähren, und das Kind von zu viel Kontaktinitiativen oder anderen »unverdaubaren« Eindrücken überschwemmt wird, kann es als Schutz vor Überstimulation eine schizoide Form der Angstabwehr (Riemann, 1978) entwickeln, d. h. eine generalisierte Tendenz dazu, mitmenschliche Nähe insgesamt zu vermeiden und ein eher sozial isoliertes Leben zu führen. In solchen Fällen prägt oftmals eine Angst vor Selbsthingabe, die als Ich-Verlust und negative Abhängigkeit erlebt wird, das subjektive Erleben.

Auf der Ebene des familiären Interaktionssystems finden sich in den Lebensgeschichten von Menschen, die die soziale Distanz überwertig und einseitig herstellen, häufig Erfahrungen von Grenzüberschreitungen und -verletzungen durch enge Bezugspersonen. In der strukturellen Familientherapie wird in diesem Fall von »rigiden Grenzen« gesprochen. In diesem Theoriemodell wird die Ausformung der Grenzen zwischen den Mitgliedern eines Familiensystems als Systemregel verstanden: »Der Begriff der Regel ist metaphorisch zu verstehen und ermöglicht es den Therapeuten, beobachtbare Redundanzen in familiären Transaktionen in ein heuristisches Schema zu bringen, mit dessen Hilfe sinnvoll interveniert werden kann« (Hawellek, 1992, S. 64).

Auf der Ebene des beobachtbaren Verhaltens ist die familiäre Kommunikation durch einen fehlenden bzw. herabgesetzten sozialemotionalen Austausch geprägt. Der Blickkontakt der Familienmitglieder ist selten, ebenso wie positiver gemeinsamer Austausch von Gedanken und Gefühlen. Häufig ist zu sehen, dass die Familienmitglieder die Initiativen der anderen wenig beachten und bestätigen, so dass der Eindruck entstehen kann, dass jeder »in seiner eigenen Welt« lebt. Die therapeutisch-beraterischen Bemühungen zielen in diesen Fällen darauf, die Voraussetzungen dafür zu schaffen, dass Verbindungen zwischen den Bezugspersonen entstehen und aus Kontakten Begegnungen und Beziehungen (Petzold, 1986) entwickelt werden.

Neben der Entwicklung einer unverwechselbaren Individualität, wie sie durch die Wahrung einer schöpferischen Distanz unterstützt wird, haben Menschen auch die – gleichsam entgegengesetzte – Entwicklungsaufgabe, Vertrauen und Bindungen zu Bezugspersonen aufzubauen. Diese Entwicklungsaufgabe wird durch die *liebevolle Einfühlung* der Eltern in das Kind nachhaltig unterstützt.

Diese Beziehungsqualität zeigt sich in der elterlichen Fähigkeit, die Initiativen des Kindes wahrzunehmen, zu verstehen, ihnen zu folgen und sie zu benennen. Auf diese Weise geschieht emotionales »Füttern«, Spiegeln und Empathieren des Kindes (Säuglings). Auf die große Bedeutung empathischer Eltern wurde in der klinischen Theoriebildung immer wieder hingewiesen (z. B. Kohut, 1976). Das Kind kann sich dann als bedeutsamen Beziehungspartner erleben, als ein Gegenüber mit eigenen Gefühlen, Ideen und Initiativen.

Dies setzt voraus, dass die Eltern in der Lage sind, die Kinder liebevoll als eigene – von ihnen in gewisser Weise unabhängige – Wesen anzuschauen. Wichtig ist dabei ihr freier, von negativen Projektionen, den »Ghosts in Nursery« (Fraiberg et al., 1975), ungetrübter oder unverzerrter Blick auf das Kind.

Auf einer solchen Basis können sie das Baby »lesen« und bestätigen lernen. Die Beziehungskomponente liebevoller Einfühlung bildet auch die Grundlage für ein *Liebesmodell* späterer Beziehungen. Es zeigt sich in Blickkontakten in der Nahdistanz, in bestätigendem Körperkontakt, kommunikativen Ja-Zirkeln, dem Folgen, Bestätigen, Benennen der kindlichen Initiativen, dem Mitteilen eigener Resonanz, in positiven Atmosphären und in einer protodialogischen Begleitung gemeinsamer Erfahrungen. Die liebevolle Einfühlung und Begleitung der Kinder sind ein Schutz vor Unterstimulierung bzw. Deprivation und bieten die Beziehungsgrundlage der kindlichen Lern- und Bildungsprozesse. Die neurobiologischen Entdeckungen der letzten Jahre, insbesondere die Rolle der Spiegelneurone bei der intuitiven Kommunikation wie beim Modelllernen (Bauer, 2009), bestätigen eindrucksvoll, dass Eltern wie Kind unter guten Bedingungen über herausragende genetische Voraussetzungen für eine gelingende intuitive Kommunikation verfügen. Wenn Bindung und Vertrauen überwertig und einseitig betont werden und der Gegenpol der Ausprägung einer eigenen, unverwechselbaren Identität als Ungeborgenheit und Isolierung empfunden wird, spricht Riemann (1978) von depressiver Angstabwehr.

Auf der Ebene des familiären Systems finden sich in diesem Zusammenhang häufig Verstrickungen und »diffuse Grenzen« zwischen den Familienmitgliedern (Minuchin, 1981). Eine diffuse Grenze ist die gegenläufige Ausprägung der familialen Systemregel. Die familiäre Kommunikation ist hier davon geprägt, dass das individuelle Ich hinter dem Wir verschwindet.

Dies ist auch in der familiären Kommunikation beobachtbar: Das Pronomen »wir« wird, wenn es um Selbstbeschreibungen geht, signifikant häufiger benutzt als »ich« und »du«. Häufig herrscht ein großes Engagement für die Belange der anderen vor, was von einem außenstehenden Beobachter bisweilen als »Einmischung« und »Bevormundung« empfunden werden kann. Unter solchen Systembedingungen ist eine »bezogene Individuation« (Stierlin, 1980, S. 206 f.) zumindest erschwert. Die therapeutisch-beraterische Arbeit zielt auf die Herausarbeitung, Wahrnehmung und Würdigung von Unterscheidungen und Unterschieden als Grundlage einer respektvollen familiären Kommunikation.

Die menschliche Entwicklung unterliegt einer weiteren polaren Dynamik, nämlich der Anforderung, Verlässlichkeit, Dauerhaftigkeit, Verbindlichkeit und Zielorientierung zu entwickeln, ebenso wie die Fähigkeit, sich dem Wandel zu stellen und Veränderungen positiv in das Leben zu integrieren.

Die Entwicklung von Verbindlichkeit und Zielorientierung wird durch die Übernahme von *Verantwortung* durch Eltern und Bezugspersonen unterstützt, die in einer psycho-bio-sozialen Perspektive der Dynamik der »Mutterschaftskonstellation« (Stern, 1998) und in einer ethischen Perspektive dem »Prinzip Verantwortung« (Jonas, 1984) folgen.

Auf der Mikroebene der Beziehungsgestaltung unterstützen die Eltern und Bezugspersonen die Entwicklung von Verbindlichkeit und Zielorientierung durch eine situationsadäquate Auswahl und Strukturierung der kindlichen Initiativen im Sinne einer positiven (An-) Leitung. Diese Entwicklungsaufgabe wird darüber hinaus dadurch unterstützt, dass Eltern dem Kind gegenüber benennen, was sie vorhaben und tun, so dass sie für die Kinder vorhersehbar, berechenbar und »lesbar« werden. Auf diese Weise kann sich bei Kindern die Erfahrung von Verlässlichkeit, Kontinuität und damit auch Beziehungssicherheit nachhaltig einprägen. Eine derartige Haltung dient dem *Schutz vor Unverbindlichkeit und Indifferenz*. Kinder, die verantwortliche Eltern in diesem Sinne erleben, entwickeln selbst die Bereitschaft, Verantwortung zu übernehmen. Eine verantwortliche elterliche Haltung ermöglicht durch die Vermittlung von Beziehungs- und Bindungssicherheit die Entfaltung des kindlichen Autonomiebestrebens.

Wenn Veränderungen überdauernd intensiv und bedrohlich als Unsicherheit, Verlust und Konfrontation mit Vergänglichkeit erlebt werden, kann in der Folge die Betonung der Dauerhaftigkeit überwertig gelebt werden und zu einer zwanghaften Abwehr der Angst vor Veränderung und Wandel führen.

In diesen Fällen ist die Entwicklung von Wandlungs- und Anpassungsfähigkeit beeinträchtigt. Auf der Ebene familiärer Kommunikationsmuster finden sich dann häufig rigide Haltungen und Abläufe wie eine Überbetonung von regelhaft-schematischen Interaktionen. In diesen Konstellationen zielen die therapeutisch-beraterischen Bemühungen auf eine Verflüssigung der erstarrten Beziehungsformen.

Die Fähigkeit, Veränderungen im Lebenslauf zu integrieren, sich an Neues anzupassen und dem Wandel auch positiv zu begegnen, ist eine weitere Entwicklungsaufgabe. Diese Aufgabe wird unterstützt, wenn Eltern ein Modell bilden, an dem die Kinder positives »Change Management« lernen können. Da jede Veränderung mit dem Erfordernis nach der Integration verschiedener, bisweilen konfliktträchtiger Kräfte einhergeht, sind in diesen Situationen die *Echtheit* und »Lesbarkeit« der elterlichen (Re-)Aktionen eine wertvolle Unterstützung.

Echtheit besteht in der Kongruenz der verbalen und non- bzw. paraverbalen Botschaften. Sie dient dem *Schutz vor inkonsistenter (widersprüchlicher) Stimulierung*. Den Kindern wird eine Bestätigung der eigenen Empathie ermöglicht (Petzold, 1986), die die intersubjektive Kompetenz stärkt und zu einer »mutuellen Empathie« (Ferenczi, 1988) führen kann. Die Kinder werden dabei unterstützt, globale Kontexte wie »Spiel, Spaß und Ernst« zu unterscheiden. Je nach dem Alter der Kinder werden kompetente Eltern die kindliche Empathie mit »selektiver Offenheit« (Petzold, 1986) bestätigen und ihnen gegenüber »empathische Grenzen« (Hawellek, 1992, S. 128 ff.) setzen.

Wenn Wandel und Veränderungen in Beziehungen überwertig betont und gelebt werden, besteht bisweilen eine Angst vor Bindung, die als Unfreiheit und Endgültigkeit erlebt und dann *hysterisch* abgewehrt wird.

Auf der Ebene der familiären Kommunikation finden sich dann häufig chaotisch-unverbindliche Kommunikationsmuster, die keine verlässlichen und dauerhaften Orientierungen ermöglichen.

Therapeutisch-beraterische Interventionen zielen bei derartigen Konstellationen darauf, Erfahrungen von Verlässlichkeit und Kontinuität zu ermöglichen.

Diese Bemühungen sind erfahrungsgemäß eher erfolgreich, wenn zuvor auch ein Verständnis für den Sinn und Nutzen der Symptomatik erarbeitet wurde. Ein derartiges Vorgehen ist für jede Form der Anregung positiver Entwicklungsverläufe angesichts symptomatischen Verhaltens hilfreich.

Tabelle 7 verschafft einen Überblick über die Beziehungen zwischen den Marte-Meo-Elementen und den salutogenetischen sowie klinischen Konzepten. Die Beschreibung der Erfahrungsräume und -möglichkeiten, die den Kindern durch entwicklungsunterstützende Kommunikation angeboten werden, verdeutlicht den inneren Sinnzusammenhang zwischen den verschiedenen Konzepten.

Die Vorbilder der Marte-Meo-Methode sind natürliche entwicklungsunterstützende Dialoge, für die Eltern und Babys weitgehend psychobiologisch vorbereitet sind, etwa, wenn man an die inzwischen weithin erforschten kommunikativen Kompetenzen von Babys (Dornes, 1997; Keller, 2001) und die darauf abgestimmten intuitiven elterlichen Kompetenzen (Papoušek, 2001; Keller, 2001) denkt.

Ähnlich wie in der Arbeit mit Kindern geht es in der psychotherapeutischen Arbeit ebenfalls darum, positive Entwicklungen anzuregen und zu unterstützen. Von daher lassen sich auch weitgehende methodische Entsprechungen zwischen entwicklungsförderlichem und psychotherapeutischem Arbeiten aufzeigen (vgl. dazu Kap. 5.4).

Tabelle 7: Marte-Meo-Elemente und salutogenetische und klinische Konzepte

Marte-Meo-Element	Erfahrungsmöglichkeit	Folgen für den Entwicklungsprozess (Salutogenese)	Beziehungskomponente (Riemann)/Wachstumsförderliches Therapeutenverhalten (Rogers)
Aufmerksamkeitsfokus lokalisieren/bestätigen	Ich werde gespiegelt; auf diese Weise erlebe mich als aktiv Handelnder/Gestaltender	Selbstwirksamkeitserfahrung Basis des Selbst(wert)gefühls	Liebevolle Einfühlung/ Verbalisierung emotionalen Erlebens
(aktiv) auf eine Initiative/Reaktion warten	Meine Reaktionen sind es wert, darauf zu warten; sie sind wichtig, ich bin wichtig	Ausbildung von Vertrauen in die eigenen Reaktionen, Wertschätzung der Reaktionen; es lohnt sich, zu (re)agieren	Schöpferische Distanz/ Wertschätzung
Initiativen folgen	Meine Initiativen/Ideen werden gespiegelt; sie werden wertgeschätzt, ich kann dem, was aus mir kommt, trauen	Vertrauen in die eigene Aktionsfähigkeit Entwicklung des Gefühls von Handhabbarkeit	Liebevolle Einfühlung/ Verantwortung/ Verbalisierung emotionalen Erlebens
Initiativen benennen	Ich bekomme Worte/Ideen als Grundlage meiner (Selbst-)Beschreibungen	Gefühl von Verstehbarkeit/Sinnhaftigkeit kann sich entwickeln	Liebevolle Einfühlung/ Verantwortung
Erwachsener bestätigt passendes Verhalten	Ich lerne das zu erkennen, was zur Situation passt	Ich lerne die Anforderungen und Eigenarten der Personen meiner Umgebung kennen	Verantwortung/Echtheit Kongruenz
Erwachsener setzt Kind in Beziehung zur Welt	Ich lerne die Welt durch die Augen meiner Bezugsperson kennen, verstehen und einschätzen	Gefühl von Verstehbarkeit/Sinnhaftigkeit kann sich weiter ausbilden	Verantwortung/Echtheit
Erwachsener setzt Anfangs- und Endsignale	Ich lerne Situationen, Abläufe und Handlungsmodelle zu strukturieren	Kennenlernen unterschiedlicher Kontexte, Ausbildung »innerer Landkarten«	Verantwortung/Echtheit Kongruenz

5 Unterstützung entwickeln: Beobachtungsgeleitete Erziehungs- und Familienberatung

Nachstehend wird das Vorgehen einer beobachtungsgeleiteten Erziehungs- und Familienberatung näher beschrieben. Entsprechend dem Auftrag von Erziehungs- und Familienberatung zielt sie auf die Unterstützung und Förderung von Kindern durch ihre Eltern und Bezugspersonen im Alltagsgeschehen von Familien.

Eine beobachtungsgeleitete Beratung steht immer im Kontext eines Hilfeersuchens der Klienten. Voraussetzung bzw. »Indikationen« dafür sind die Möglichkeit und Bereitschaft der Klienten, die Entwicklung von Kindern aktiv zu unterstützen. Da das Medium Video durchaus geeignet ist, verschiedenste Ängste zu evozieren, sind eine stabile und vertrauensvolle Beratungsbeziehung und eine umfassende Information und Transparenz über den Umgang mit dem Videomaterial unerlässliche Voraussetzungen für diese Form der Beratung (vgl. Bünder et al., 2009, S. 87 ff.). Besonders bedeutsam ist eine klare Abgrenzung und Absicherung gegenüber Interessen Dritter an den Videoaufzeichnungen, z. B. möglicher Kontrollabsichten etwa der Jugendämter. Die Klienten bekommen in der Regel vor Beginn der Beratungen die schriftliche Zusicherung, dass die Aufnahmen keinen anderen als Beratungszwecken dienen und dass die Bilder Eigentum der Klienten sind (vgl. Anhang B).

Der Leitgedanke, Entwicklungsprozesse zu unterstützen, wird in der Auftragsklärung mit den Klienten und den daraus entwickelten Beratungskontrakten weiter konkretisiert, so dass die Beratung ein auf die Besonderheiten des Einzelfalls abgestimmtes gemeinsames Vorgehen von Beratern und Klienten ermöglicht. Eine beobachtungsgeleitete Erziehungs- und Familienberatung beginnt damit, diese Methode dem Klienten vorzustellen und dieses Vorgehen miteinander zu vereinbaren. In einem weiteren Schritt werden die Rahmenbedingungen abgeklärt, die erforderlich sind, um eine erste Videobeobachtung durchzuführen.

5.1 Videobeobachtungen

Die Videobeobachtung nimmt die Alltagskommunikation zwischen Eltern / Betreuer und dem Kind in den Blick. Sie findet daher in der Regel im alltäglichen Umfeld der Klienten statt. In Ausnahmefällen geschieht dies nicht, z. B. wenn eine Beobachtung im Alltagsgeschehen für die Klienten oder die Berater eine zu hohe zusätzliche Belastung darstellt. In diesen Fällen findet die Beobachtung zumeist in geeigneten Räumen der entsprechenden Institution statt.

Ein erster Schritt besteht in der Absprache, unterschiedliche Situationen der Alltagskommunikation in den Blick zu nehmen. Für das Arbeitsbündnis ist bedeutsam, eine *Beobachtungssituation zur Beratungsgrundlage* zu machen. Diese Beobachtungssituation sollte mit dem Beratungsanliegen der Eltern verknüpft sein.

Wenn Eltern beispielsweise herausfinden möchten, was sie tun können, um die emotionale Beziehung zu ihrem Kind zu verbessern, ist es sinnvoll, Eltern und Kind zunächst in einer unstrukturierten Situation zu beobachten.

Es lassen sich im Allgemeinen drei Beobachtungsformate oder »explorative Fenster« unterscheiden:
- *unstrukturierte Situationen*, d. h. Situationen, in denen die spontanen Entwicklungsinitiativen von Kindern und die korrespondierenden unterstützenden Fähigkeiten und Fertigkeiten der Eltern / Betreuer beobachtet werden können. Derartige Situationen sind zumeist offene Kommunikationssituationen oder freie Spielsituationen. Sie ermöglichen einen explorativen Blick auf das Entwicklungsniveau der Kinder sowie auf entwicklungsunterstützende Kommunikationsweisen der Erwachsenen.
- *strukturierte Situationen*, d. h. Situationen, bei denen die Erwachsenen bzw. Betreuer bestimmte Ziele verfolgen, wie z. B. Essens-, Aufräum-, Zu-Bett-Geh-, Körperpflege-, Hausaufgaben-Situationen, aus denen ersichtlich werden kann, wie die Erwachsenen die Kinder anleiten, mit ihnen kooperieren und die innere und äußere Strukturierungsfähigkeit unterstützen. Sie ermöglichen einen explorativen Blick auf bereits entwickelte Handlungs- und Kooperationsmodelle der Kinder, ihren Unterstützungsbedarf und die sichtbaren Fähigkeiten der Erwachsenen, sie dabei zu unterstützen.

– *halbstrukturierte Situationen*, d. h. Situationen, die ein vorgegebenes Ziel haben und zugleich Spielräume für spontane und kreative Prozesse offen lassen, wie z. B. Regelspiele, Bewegungsspiele, Rollenspiele, gemeinsames Singen. Derartige Situationen eröffnen den Blick dafür, welche Kooperations- und Konfliktlösungsmodelle die Beteiligten bereits entwickelt haben und welcher Unterstützungsbedarf bei den Einzelnen sichtbar wird.

Der *Kontrakt* über eine beobachtungsgeleitete Beratung stellt das elterliche Anliegen in einen sinnvollen, für alle verstehbaren Zusammenhang mit einer passenden konkreten Beobachtungssituation. Diese Beobachtungssituation wird im Kontraktgespräch geplant und vorbesprochen.

Dabei werden die Klienten über Art, Dauer und Verwendung der Aufnahmen sowie über die rechtlichen Rahmenbedingungen des Schutzes von Privatgeheimnissen (§ 203 StGb) und des Rechtes am eigenen Bild informiert. Es wird festgelegt, welche Alltagssituation mit welchen Personen an welchem Ort und zu welcher Zeit gefilmt wird. Alle Beteiligten sollten vorher wissen, was passiert und wozu die Aufnahmen gemacht werden.

In der Regel finden die Videoberatungen in der Institution des Beraters statt. Dieser Ortswechsel erleichtert den Perspektivwechsel von der Innenperspektive eines Teilnehmers eines »Problemkontextes« zur Außenperspektive eines (Selbst-)Beobachters. Dieser Perspektivwechsel wird durch das Setting der Videoberatung unterstützt (Kap. 5.3).

Wenn die Videobeobachtung im Rahmen eines Hausbesuches bei den Klienten stattfindet, erscheint es für den Berater angemessen, einen Besucherstatus zu wahren und sich wie ein Gast der Familie oder Institution zu verstehen und zu präsentieren. Zum Gaststatus gehört ein Anfangs- und Kontaktgespräch über die alltägliche gemeinsame Situation, über »Coffee, cookies and the dog«, wie Aarts (2009) zu sagen pflegt. Diese Phase des Joining, des Anschluss-Findens, kann je nach Situation zwischen zehn und dreißig Minuten dauern. Es bleibt dem Gefühl des Besuchers für den geeigneten Moment überlassen, die Videoaufnahme anzukündigen und möglichst ohne Aufhebens durchzuführen. Dieses Vorhaben ist durch moderne, leicht handhabbare Camcorder gut in die Tat umzusetzen.

Während des Filmens definiert der Berater seine Rolle als »Kameramann« und weist darauf hin, dass er vorübergehend, für die Dauer der Aufnahme, »nicht mitmacht«. Das ist erfahrungsgemäß besonders dann wichtig, wenn auch kleinere Kinder an der Filmaufnahme teilnehmen. Diese interessieren sich in der Regel auch für die Kameratechnik und gehen gern ihrem Explorationsdrang nach. Von daher empfiehlt es sich, anfangs eine begrenzte Exploration des technischen Equipments zuzulassen. Die Videoaufnahme selbst dauert in der Regel zwischen fünf und zehn Minuten. Während der Videobeobachtung besteht die Grundhaltung des Beraters in einer freundlich-zugewandten Abstinenz.

In einem Zeitraum von ca. 14 Tagen nach der Videobeobachtung sollte idealerweise die Videoberatung erfolgen, weil in einem solchen Zeitrahmen die Beobachtungssituation meist noch recht frisch in Erinnerung ist und sich die Klienten noch gut an die »Innenperspektive« in der Situation (Hawellek, 1995) erinnern können. Diese Erinnerungen können für die spätere Beratung bedeutsam sein.

5.2 Videointeraktionsanalysen

Der Leitgedanke einer Förderung und Unterstützung von Entwicklungsprozessen benötigt konkrete Inhalte, damit er in jedem Einzelfall Substanz erhält. Diese Inhalte sind durch die jeweilige soziale Situation, die Lebensprozesse und die Alltagswelt der Familien, die Beratung suchen, mitbestimmt.

In diesem Leitgedanken werden diejenigen Absichten und Ziele abstrakt formuliert, die die Ausrichtung der Leitperspektive bestimmen, also das, was in den Blick genommen werden soll. In eine Frage gefasst bedeutet dies für den Leitgedanken der Entwicklungsförderung: »Was genau muss ich mir anschauen, um zu erkennen, wann und wie Entwicklungsförderung im Alltag eines Kindes geschieht oder geschehen kann?«

Eine Leitperspektive bildet den Rahmen, der die Beobachtungskriterien bestimmt. Zu diesen gehören:

- die *Auswahl* der Filmsequenzen zu Beratungszwecken,
- die Festlegung, *wie* in den Film geschaut wird, also
- *was* genau beobachtet wird, d. h., welche Momente als für die Beratung bedeutsam ausgewählt werden,
- *wann*, d. h., in welchen Alltagssituationen diese Momente auftreten
- und schließlich – und hier findet sich die Verbindung zum erklärenden Leitgedanken – eine Erläuterung, *warum* die gezeigten Momente, sofern sie nachhaltig sind, also häufig genug stattfinden, entwicklungsförderlich sind.

Der Auftrag für eine beobachtungsgeleitete Beratung richtet sich, wie in anderen Beratungsformen auch, nach dem Anliegen der Eltern und einem daraufhin abgestimmten Angebot der Berater.

Dabei betrachtet der Berater die »Probleme«, die um das Kind bestehen, unter der Leitperspektive eines gemeinsamen Entwicklungsprozesses. Er »liest« zusammen mit den Eltern die Botschaften hinter dem problematischen Verhalten (Aarts, 2005) und vollzieht damit einen Schritt vom »Problem« zur Entwicklungsgelegenheit. Ein kindliches Verhaltensproblem wird so als ein (noch) nicht vollzogener Entwicklungsschritt betrachtet. In diesem Sinne verweisen die Probleme, die ein Kind hat oder bereitet, auf einen konkreten Unterstützungsbedarf. Die verantwortliche elterliche Rolle besteht darin, die nächsten fälligen Entwicklungsschritte gezielt zu unterstützen.

Der Berater hat die Aufgabe herauszufinden und zu zeigen, in welchen Momenten der Alltagskommunikation die Eltern dem Kind schon eine passende und förderliche Unterstützung anbieten bzw. wann in der Alltagskommunikation die Gelegenheiten bestünden, das Kind gezielt zu unterstützen.

Diejenigen Filmausschnitte, die in den Beratungen gezeigt werden, werden zuvor von den Beratern ausgewählt. In der Regel nimmt der Berater dazu eine Videointeraktionsanalyse, kurz »VIA«, der Filmaufnahme vor. Das geschieht ohne das Beisein der Klienten, zuweilen auch mit der Unterstützung einer fachkundigen Supervision.

Tabelle 8 bietet ein Schema zur Strukturierung der Beobachtungen nach positiven Momenten, Problemen und Gelegenheiten zur Unterstützung. Es kann dabei helfen, die geeigneten Momente für die Präsentation auszuwählen.

Tabelle 8: Strukturierung der Beobachtungen bei der VIA

Kind			Erwachsener		
−	0	+	+	0	−
Problemverhalten, Möglichkeit zur Bestätigung der schwierigen Situation	Gelegenheit zur Unterstützung	Positiver Moment, Fähigkeit	Positiver Moment, Fähigkeit	Gelegenheit zur Unterstützung	Problemverhalten, Möglichkeit, Verständnis zu zeigen
Notiz	über den	passenden	Moment	im Zählwerk	der Kamera

Derjenige, der die VIA vornimmt, folgt der beobachtungsleitenden Fragestellung als einem roten Faden, der das Anliegen der Eltern oder Betreuer zum Ausgangspunkt nimmt und die Bilder daraufhin betrachtet, welche Informationen die Eltern / Betreuer benötigen, um einen nächsten Entwicklungsschritt des Kindes oder der betreffenden Person möglichst passgenau zu unterstützen. Die beobachtete Interaktion wird Schritt für Schritt daraufhin betrachtet, ob die Initiativen der Kinder in der jeweiligen Situation von einer passenden Kommunikation der Eltern oder Betreuer moderiert werden.

Je nach dem Anliegen der Eltern oder Betreuer können Fragen wie die folgenden eine VIA strukturieren:
- Nehmen die Eltern / Betreuer die Initiativen und Signale des Kindes wahr?
- Können die Eltern / Betreuer den Initiativen des Kindes folgen und können sie die Initiativen bestätigen?
- Benennen die Eltern die Initiativen des Kindes?
- Benennen die Eltern ihre eigenen Initiativen?
- Benennen die Eltern passende (Re-)Aktionsmöglichkeiten für das Kind?
- Sorgen die Eltern für ein Wechselspiel der Kommunikation?
- Gibt es einen Rhythmus zwischen Kommunikations- und Aktionsmomenten bei denen an einer gemeinsamen Handlung beteiligten Personen?

- Geben die Eltern eine positive Anleitung, indem sie ihr Kind Schritt für Schritt durch eine Situation führen?
- Schaffen die Eltern eine positive Atmosphäre, zeigen sie »gute Gesichter« und benutzen sie freundliche Töne beim Sprechen?
- …

Für jemanden, der in der beobachtungsgeleiteten Arbeit nicht geübt ist, gestaltet sich die Erstellung von VIAs anfangs häufig recht zeitintensiv. In den entsprechenden Ausbildungen lernt man, die Beobachtungen gemäß den elterlichen Anliegen strukturiert vorzunehmen.

Bei der Erstellung von VIAs ist es bedeutsam, für eventuelle Kommentare eine neutrale Beobachtungssprache einzuüben. Die Interaktionen in den Clips werden daraufhin unterschieden, welche Momente präsentiert werden. Geeignete Momente zeigen
- »das Problem«,
- ein das Problem modifizierendes Geschehen, d.h. ein meist unterstützendes Elternverhalten,
- oder die Gelegenheit dazu, einen passenden Entwicklungsschritt zu unterstützen.

Die gezeigten Filmausschnitte unterscheiden sich ebenfalls nach ihrer Dauer. Ähnlich der Linse eines Kameraobjektivs, die je nach Brennweite unterschiedlich umfangreiche Beobachtungsausschnitte sichtbar macht, lassen sich in den Beratungen unterschiedlich große Formate oder Beobachtungsfenster öffnen und für die Beratung nutzen. Auf diese Weise lassen sich die beobachteten Abläufe in einzelne Momente und Szenen gliedern.

Die Präsentation positiver Momentaufnahmen von Eltern-Kind-Interaktionen orientiert den Blick an den vorhandenen Ressourcen der Beteiligten. Sie ist zugleich eine Veranschaulichung der Art und Weise, wie die Berater in die Filme schauen. In einer ressourcen- und entwicklungsorientierten Perspektive können Standbilder positiver Beziehungsmomente zu »Augenöffnern« werden (s. a. Stern, 2010, S. 247 f.). Solche Augenöffner können dann als »Mutmacherbilder« (Aarts, mündl. Mitteilung) wirken.

Beispiel
Eine drogenabhängige Mutter lebte während der Periode ihrer Drogensucht und der anschließenden Therapie von ihrer vierjährigen Tochter getrennt. Nach Therapieende war eine Zusammenführung von Tochter und Mutter geplant. Diese Zusammenführung wurde von einer beobachtungsgeleiteten Beratung durch Maria Aarts unterstützt. Die Mutter hatte die Überzeugung, das innere Bild, dass ihre Tochter nicht an ihr interessiert sei und dass ihre Pflegeeltern die Hauptbezugspersonen für sie seien. Während der Beratung sah sie sich und ihre Tochter während eines Spiels. Ein Moment bekam dabei eine besondere Bedeutung: Die Mutter nahm erstmals bewusst wahr, wie aufmerksam und liebevoll ihre Tochter sie anschaute. Sie war zu Tränen gerührt und bat die Beraterin, diesen Moment als Foto ausgedruckt zu bekommen, damit sie das Foto bei sich zu Hause aufhängen und sich immer daran erinnern könnte. Als Maria Aarts bei ihr anrief, um mitzuteilen, dass sie das Foto abholen könne, bekam sie die folgende Antwort: »Vielen Dank, das ist nicht mehr nötig. Ich sehe den liebevollen Blick jetzt immer, wenn ich meine Tochter treffe« (Aarts, mündl. Mitteilung).

Dieses Beispiel verdeutlicht, wie die nachhaltige Veränderung eines negativen inneren Bildes (Hüther, 2004) der Mutter durch die Präsentation eines äußeren Bildes, in diesem Beispiel eines positiven Beziehungsmoments, unterstützt werden kann. Wenn sich die inneren Bilder verändern, können, wie das Beispiel zeigt, Wahrnehmungskanäle geöffnet und gegenwärtige Beziehungen neu erfahren werden.

Durch das Betrachten von Videobildern werden frühe Beziehungserfahrungen, die im prozeduralen Gedächtnis gespeichert sind, aktiviert (Downing u. Ziegenhain, 2001, S. 274). Mit Hilfe von Videointeraktionsanalysen des elterlichen Beziehungsverhaltens gelingt es, diese Gedächtnisinhalte auch prozedural anzusprechen: »Verhalten wird auf der Ebene wiedergegeben, auf der es aktuell geschieht bzw. auf der es aus vorhergehender Erfahrung reaktiviert wird« (Downing u. Ziegenhain, S. 274).

Durch die Auswahl geeigneter Beziehungsmomente, die von den Beratern präsentiert werden, werden Gegenerfahrungen und neue Perspektivübernahmen durch die Klienten möglich, wie das obige Beispiel verdeutlicht. In diesem Sinne kann die Marte-Meo-Methode mit Fug und Recht auch als »eine bildgebende Methode« (Paul Hofmann, mündl. Mitteilung) bezeichnet werden.

Neben einzelnen Momenten bietet die Videointeraktionsanalyse einzelner Szenen ein geeignetes Präsentationsformat für die Beratungsarbeit. Anhand der Analyse der Interaktionen werden der genaue Ablauf der Interaktionen und in der Folge auch die implizite Logik eines Beziehungsgeschehens deutlich.

Beispiel
So kann ein Vater während einer Videoberatung erstmals bewusst wahrnehmen, dass – entgegen seiner bisherigen festen Überzeugung – sein zehnjähriger Sohn Jan doch mit einem Lächeln auf seine Bestätigung reagiert. Der Vater hatte ein schnelleres Tempo als der Sohn und war mit seiner Aufmerksamkeit schon woanders, als sein Sohn ihn anstrahlte. Der Vater hatte im Laufe der Zeit die Idee entwickelt, dass seine Bemerkungen und möglicherweise sogar er als Person für den Sohn ohne größere Bedeutung seien. Durch sein schnelles Tempo hatte er sich, wie er es selber formulierte, um die Früchte seiner »Investitionen« in die Beziehung gebracht.

Er entschloss sich dazu, fortan länger auf die Reaktionen des Sohnes zu warten, was ihm durchaus schwerfiel und was er daher regelrecht üben wollte. Er bekam dann den Verdacht, dass es auch in anderen nahen Beziehungen so ähnlich ablaufen könnte. Er habe schon des Öfteren vermutet, dass das, was er zu sagen habe, für andere nicht so wichtig sei … (Hawellek, 2011).

Mit Hilfe von Videointeraktionsanalysen werden diejenigen Momente herausgesucht, die den Eltern bedeutsame Informationen vermitteln. Wenn wir das geschilderte Beispiel von Jan und seinem Vater genauer betrachten, lässt sich der folgende Ablauf erkennen:

Jans Vater beschreibt das *Problem*, dass er glaubt, er sei nicht so wichtig für seinen Sohn; es spiele kaum eine Rolle, was er sage. Dieses Narrativ[17] hatte sich im Laufe der letzten Jahre verfestigt. Der Vater kommt mit dem *Anliegen* zur Beratung, die Situation zwischen Jan und ihm solle sich verbessern, er wolle nicht mehr das Gefühl haben,

---

17 Ein Narrativ ist eine Erzählstruktur, die sich in diesem Fall um einen »klinischen Plot«, eine kritische Geschichte herum organisiert (vgl. Boeckhorst, 1994).

»als stünde eine Mauer« zwischen ihnen. Daraus wird der *Auftrag* entwickelt: »Helfen Sie mir, herauszufinden, was ich tun kann, um einen besseren emotionalen Kontakt mit Jan zu bekommen.«

Für die *Videobeobachtung* wird eine halbstrukturierte Spielsituation gewählt: Vater und Jan spielen »Mensch ärgere dich nicht«. Dabei waren folgende Überlegungen ausschlaggebend:
- Die Situation, miteinander ein Regelspiel zu spielen, war der Familie vertraut.
- Eine gemeinsame Spielsituation kann Möglichkeiten bieten, den sozial-emotionalen Austausch der Spielpartner zu beobachten.

Die erste explorative Videobeobachtung wurde analysiert. Mit Hilfe der *Videointeraktionsanalyse* wurde eine Szene für die Beratung ausgewählt (vgl. Tab. 9).

Tabelle 9: Videointeraktionsanalyse

Moment 1 ▶	Moment 2 ▶	Moment 3
Der Vater lobt Jan für eine Spielidee. Der Vater schaut Jan an.	Jan schaut mit unverändertem Gesichtsausdruck auf das Spielfeld.	Als der Vater wieder auf das Spielfeld schaut, lächelt Jan.

Ein wesentlicher Schritt der videobasierten beobachtungsgeleiteten Beratung besteht darin, geeignete Momente und Szenen zu finden, die an die Veränderungswünsche der Eltern anknüpfen, und diese in einer geeigneten Weise zu präsentieren. Die Videotechnik ermöglicht, auch kleine Momente und mikroskopische Abläufe, die von den normalen Sehgewohnheiten leicht ausgeblendet werden, »groß«, d. h. als bedeutsam zu präsentieren. Die Präsentation erfolgt unter der Leitperspektive entwicklungsunterstützender Kommunikation und bezieht daher ihre Relevanz.

Die ausgewählten Momente zeigen einzelne Aktionen und Reaktionen, deren Kontext die jeweilige Szene bildet. Die Betrachtung von Szenen per Interaktionsanalysen ermöglicht, die Abfolge und Beziehung der Verhaltensweisen zueinander zu erfassen. Eine Zusammenfassung von Szenen zu Szenarien, d. h. »typischen« Mustern im Sinne von »Working Models«, fasst Beziehungen von Interaktionen zu Mustern zusammen, die wiederum die Grundlage für Erzählstrukturen bilden[18] (Kap. 2.5).

5.3 Videoberatungen

Betrachten wir weiterhin die Beratung von Jans Vater, dann finden wir eine Problemgeschichte, die auf ein kritisches inneres Bild, eine negative Selbstrepräsentanz des Vaters hindeutet: die Überzeugung, dass er seinem Sohn nicht »wichtig« sei. Diese Überzeugung bestätigte sich im Alltag immer wieder.

Die ausgewählte Szene gab prototypisch das Ereignis einer *Fehlpassung* wieder. Tabelle 9 zeigt den Zusammenhang zwischen der Präsentation der einzelnen Momente durch die Videointeraktionsanalyse und den entsprechenden Kommentaren und Hinweisen des Beraters. Dabei unterstützen die Kommentare des Beraters die Bilder, die, wie im Fall von Jan und seinem Vater, für sich sprechen und die eigentlichen Informationsträger sind. Sie helfen dem Vater, selbst zu sehen, worin das »Problem« besteht bzw. was der Vater aktiv dazu beitragen kann, um es zu bewältigen.

Die Videoberatung endet mit einem Ausblick auf die konkreten unterstützenden Handlungsoptionen des Vaters. In unserem Beispiel lautete die Empfehlung an Jans Vater, länger auf Jans Reaktionen zu warten, um – bildhaft ausgedrückt – die Früchte seiner Investitionen ernten zu können.

Im Fall von Jans Vater konnte dieser die Information nutzen und die Empfehlung im familiären Alltag gut umsetzen. Ein Follow-up-Video zeigt viele emotional positive Momente in der Kommunikation zwischen Jan und seinem Vater. Im Beratungsgespräch wird deutlich, dass die Beziehung sichtlich entspannter ist und beide das Zusammensein genießen können. Durch den verbesserten sozial-emotionalen Austausch mit dem Vater lernte Jan, sich insgesamt besser auszudrücken, mitzuteilen und zu präsentieren.

---

18 Gegenüber den einzelnen Momenten bildet die dazugehörige Szene ein Metasystem und das Szenario ein Meta-Metasystem (Kriz, 1997, S. 102 ff.).

Tabelle 10: Videointeraktionsanalyse und Kommentare des Beraters

	Moment 1 ▸	Moment 2 ▸	Moment 3
Videointeraktionsanalyse	Der Vater lobt Jan für eine Spielidee. Der Vater schaut Jan an.	Jan schaut mit unverändertem Gesichtsausdruck auf das Spielfeld.	Als der Vater wieder auf das Spielfeld schaut, lächelt Jan.
Kommentare in der Beratung	Bestätigung der positiven Initiative des Vaters als Beitrag zu einer positiven Beziehung.	Bestätigung der Enttäuschung des Vaters über die ausbleibende Reaktion Jans. Äußerung von Verständnis für die väterliche Problemsicht.	Präsentation von Jans Reaktion in einer Entwicklungsperspektive: »Jan benötigt noch mehr Zeit, um in einen emotionalen Austausch zu kommen.« Anregung, um Jans nächsten Entwicklungsschritt zu unterstützen: nach positiven Äußerungen gegenüber Jan länger auf eine Reaktion Jans warten.

Während die Videobeobachtungen häufig im familiären oder institutionellen Alltag stattfinden, werden die anschließenden Beratungen meistens in den Räumen der Berater durchgeführt. Dieses »Reißverschlusssetting« des wechselseitigen Besucherstatus von Beratern und Klienten vermittelt die bündnispartnerschaftliche Struktur der Berater-Klienten-Beziehung (vgl. Hawellek u. Rolfes, 2004).

Bei den Beratungen in den Einrichtungen haben die Berater die Möglichkeit, für eine angenehme und gastliche Gesprächsatmosphäre zu sorgen. Eine freundliche Atmosphäre und eine klare Struktur, die den Klienten eine Orientierung bietet, sind Voraussetzungen für ein förderliches Lernklima und können die Beteiligten, wie Aarts gern sagt, »in Stimmung für Entwicklung bringen«.

Videoberatungen schöpfen ihre informative Kraft aus der Differenz zwischen den Erwartungshaltungen und inneren Bildern der Klienten einerseits und denjenigen Momenten und Szenen, die im Rahmen der beobachtungsgeleiteten Beratung präsentiert werden, andererseits. Aus dem Unterschied zwischen den inneren »Working Models« und dem, was die Videoclips unter der Leitperspektive von Entwicklungsunterstützung zeigen, entwickelt sich das thematische Feld der Videoberatung (s. Abb. 16).

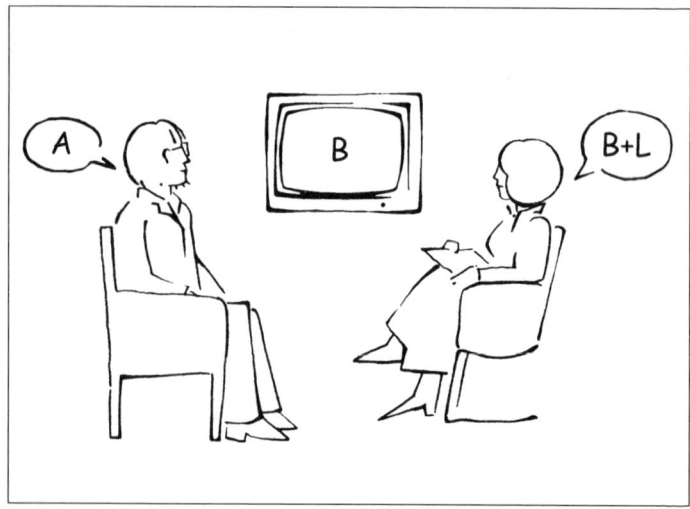

Abbildung 16: Die bedeutsamen Strukturelemente einer Videoberatung
A: Erwartungen und Annahmen des Klienten im Hinblick auf das, was in der Beratung geschehen wird, sowie im Hinblick auf die gezeigten Bilder.
B: Videoaufnahmen von Szenen und Momenten des familiären Alltags der Klienten.
B + L: Fokus des Beraters: Beobachtung der Szenerie unter der Leitperspektive von Entwicklungsförderung.

Die unter A bezeichneten Erwartungen und (Vor-)Annahmen der Klienten in Bezug auf das in der Beratung präsentierte Videomaterial umfassen die Ebene der sog. »Internal Working Models« oder, in etwas anderer Terminologie, die Ebene der elterlichen Repräsentationen. Damit ist ein weites Feld abgesteckt, das hier nicht eingehender behandelt werden kann. Daniel Stern schlägt eine Systematik von vier klinischen, d. h. potenziell problemerzeugenden Modellen der repräsentationalen Welt vor: das Modell der Verzerrungen, das Modell des dominanten Themas, das Modell der narrativen Kohärenz und das ontogenetische Modell (Stern, 1998, S. 46 ff.). In einer kritisch-analytischen Perspektive eröffnet jedes dieser Modelle ein jeweils vertieftes Verständnis der Eltern-Kind-Interaktionsdynamik und – damit zusammenhängend – passender Interventionen.[19]

Bei gravierenderen Problemlagen können diese Modelle Feindbilder generieren, in denen Kinder bisweilen zu »kleinen Monstern« (Hawellek, 2007) mutieren. Derartige Dämonisierungsprozesse können dann – insbesondere auch durch klinisch untermauerte Diagnosen – eine Art »psychodämonisches Eigenleben« (Omer, Alon u. von Schlippe, 2007) entwickeln.

Das Setting einer beobachtungsgeleiteten Beratung verbindet die Möglichkeit der Selbstbeobachtung mit einem beraterischen Dialog. Auf diese Weise wird ein beobachtungsgeleiteter, d. h. an einem gemeinsamen Aufmerksamkeitsfokus ausgerichteter Beratungsprozess möglich, bei dem die Klienten durch den Perspektivwechsel zwischen Innen- und Außenperspektive des beobachteten Geschehens zu neuen Einsichten gelangen können (Hawellek, 2011).

Ein bedeutsamer therapeutischer Effekt des Settings beobachtungsgeleiteter Beratungen besteht darin, dass die Position des Beobachters zugleich eine Akteursperspektive erschließt: Der Selbstbeobachter bekommt einen Blick auf seine eigenen Beiträge zur (Mit-)Gestaltung einer Beziehungssituation. Aufgrund der Tatsache, dass Menschen als »Augenwesen« dazu tendieren, das Gegenüber als »wirklicher« und damit wirksamer als sich selbst zu betrachten (vgl. Berger u. Luckmann, 1972), werden die eigenen Beiträge zur Gestaltung eines Beziehungsgeschehens tendenziell als »reaktiv« interpretiert. Als Folge derartiger Interpretationsgewohnheiten können typische »Opfernarrationen« entstehen, die eine aktive eigene Beteiligung an einem Geschehen systematisch ausblenden. Derartige Verzerrungen können durch eine positiv unterstützte Selbstbeobachtung einen Wechsel von einer Opfer- in eine Akteursperspektive einleiten. So konnte Jans Vater in dem obigen Beispiel seinen eigenen Beitrag zur Entstehung der Problemsituation wahrnehmen und sodann gezielt verändern.

Das nachstehende Beispiel (aus: Hedenbro u. Liden, 2005) illustriert prototypisch den Ablauf von einer Marte-Meo-Beratung. Auch

---

19 Eine ausführlichere Darstellung der einzelnen Modelle und der damit verbundenen Implikationen sprengt den Rahmen dieses Buches; daher sei an dieser Stelle auf die Ausführungen Sterns (1998) verwiesen.

hier ist ein Übergang von einer Opfer- in eine Akteursperspektive auszumachen.

Die Eltern haben verschiedene Repräsentationen ihrer familiären Beziehungen. Daher erzählen sie unterschiedliche Geschichten über ihre Beziehungen. Der Vater hat das Bild, dass die Mutter verhindert, dass er einen Zugang zum Kind findet. Sie stehe »wie eine Wand zwischen mir und dem Kind«. Die Mutter wiederum hat das Bild, dass sich der Vater abwende und sie mit dem Kind allein lasse (vgl. Abb. 17).

Abbildung 17: Elterliche Repräsentationen familiären Beziehungen

Eine Videobeobachtungssituation ist geeignet, die inneren Bilder der Eltern einer Realitätsprüfung zu unterziehen. Auf diese Weise kann es gelingen, zu neuen Beschreibungen und Bewertungen der familiären Beziehungen zu gelangen. Für eine Realitätsprüfung ist es bedeutsam, die als kritisch bewerteten Momente in den Blick zu nehmen, zum einen, um an das Anliegen der Eltern anzuknüpfen, zum anderen auch, um den Eltern mit Hilfe der Bilder zu zeigen, dass der Berater sie verstanden hat.

Die Auswahl der Beobachtungssituation bietet auch die Möglichkeit, neue, möglicherweise noch unvertraute Situationen unter die Lupe zu nehmen. So wurden in unserem Beispiel Bilder ausgewählt, die den Vater – der von sich die Idee hat, für das Kind nicht so wichtig zu sein – in einer gemeinsamen Situation mit dem Kind zeigen (Abb. 18).

Abbildung 18

Eine weitere Möglichkeit besteht darin zu zeigen, wie ein Elternteil mit dem Kind zusammen ist und der andere Elternteil diese Beziehung kooperativ unterstützt (Abb. 19).

Abbildung 19

In der gemeinsamen Videoberatung bietet der Berater den Eltern einen Gesprächs- und Beobachtungsrahmen, der es ermöglicht, eine Entwicklungsperspektive einzunehmen und den Eltern zu zeigen, was sie schon dazu beitragen, die familiären Beziehungen positiv zu gestalten und für ihre Kinder zu sorgen (Abb. 20).

Abbildung 20

Bei dieser Arbeit stehen im Blick auf das Kind die Feinfühligkeit für die Entwicklungsbedürfnisse des Kindes und im Blick auf die Eltern die Zusammenarbeit und wechselseitige Wertschätzung im Zentrum.

Der Berater kann dem einen Elternteil die jeweils positiven Möglichkeiten des anderen Elternteils zeigen. Wo es in der Beratung gelingt, den Eltern die positiven Möglichkeiten zu zeigen, wird auch der emotionale Austausch der Eltern positiv unterstützt, und die Eltern können sich wechselseitig bestätigen (Abb. 21).

Abbildung 21

Im günstigen Fall wird den Eltern zu veränderten, realitätsnäheren Repräsentationen von sich selbst als Eltern und von ihrem Kind sowie der gemeinsamen Möglichkeiten verholfen (Abb. 22).

Die videobasierte Methode bietet so einen Weg, aus der gemeinsamen Beobachtung von Life-Momenten der Eltern-Kind-Interaktion über die Videoberatung zu neuen »therapeutischen« Ko-Konstruktionen sowohl der elterlichen Repräsentationen ihres Kindes als auch ihrer selbst zu gelangen (Hawellek, 1997). Die Methode ermöglicht einen Perspektivwechsel von der Rolle eines *Teilnehmers* an einer Situation hin zum *Beobachter* derselben Situation (Hawellek, 1995). Mit Hilfe des durch die videobeobachtungsbasierte Methode ermöglichten Perspektivwechsels gelingen idealerweise eine Dekonstruk-

Abbildung 22

tion von Problemen und eine Illustration von Lösungen und Entwicklungsperspektiven. Dies geschieht anhand der durch die Bilder dargestellten praktischen Informationen über entwicklungsunterstützende Kommunikation. Diese stehen im Zentrum der weiteren Beratungen.

Zu Beginn von Beratungsprozessen geht es für die Berater auch darum wahrzunehmen, wie der Klient affektiv und kognitiv auf die Videoclips reagiert.

Dabei ist eine beobachtungsgeleitete Supervision (vgl. Abb. 7) eine wertvolle Hilfe. Bei der supervisorischen Arbeit werden die Videoberatungen aufgezeichnet. Der Supervisor hilft dem Berater, mit Videointeraktionsanalysen zu sehen, wie die Informationen der Bilder und die beraterischen Kommentare beim Klienten ankommen. So werden Hinweise für die weitere Arbeit mit diesem Klienten erarbeitet. Eine Supervision der Beratungsarbeit ermöglicht eine Exploration der Reaktionen von Klienten, die für Berater bisweilen überraschend anders als erwartet ausfallen kann.

Beispiel
Eine Mutter begibt sich in Beratung, um Wege zu finden, ihren aufgeweckten und herausfordernden fünfjährigen Sohn Dennis besser zu lenken.

In der Anfangsphase der videobasierten Beratung wurde ein Regelspiel aufgenommen: Mutter und Dennis spielten »Uno«. Der Berater wählt zu Beginn der Beratung einen Moment aus, den er als Standbild der Mutter zeigt. Seine Absicht ist, für einen positiven Beginn der Beratungssituation zu sorgen. Bei dem ausgewählten Standbild handelt es sich um eine Situation, in der Dennis seine Mutter breit anlächelt. Der Kommentar des Beraters zu dem Bild war: »Hier können Sie sehen, wie schön Dennis Sie anstrahlt.« Die Antwort der Mutter: »Ja, der grinst immer so dreckig, wenn er gewinnt.«

Dieses Beispiel verdeutlicht, was geschehen kann, wenn der Berater die Ebene der Beobachtung und der Beobachtungssprache vorschnell verlässt und die Beobachtung stattdessen schon interpretativ, als Bewertung der Beobachtung, präsentiert: » ... wie schön Dennis Sie anstrahlt«. Die Mutter reagiert mit ihrer – in diesem Fall gegensätzlichen – Bewertung: »Ja, der grinst immer so dreckig, wenn er gewinnt.« Dieser Dialog ermöglichte eine eingehendere Exploration von Aspekten des »Internal Working Model« der Mutter, nicht aber den beabsichtigten positiven Einstieg in die beobachtungsgeleitete Beratung.

Wenn die beraterischen Kommentare *beschreibend* bleiben und in einer Beobachtungssprache gehalten werden, können die Berater die Interpretations- und Bewertungsmuster ihrer Klienten kennenlernen und daran anschließen.

Sobald Berater ihre eigenen Interpretations- und Bewertungsmuster einbringen, entsteht schnell eine Auseinandersetzung um die »richtige« Interpretation. Eine solche Auseinandersetzung, kann leicht eskalieren, insbesondere wenn mit Hilfe der Clips eine Art »Videobeweis« für die »richtige« Erklärung versucht wird.

Eine weitere Schwierigkeit ergibt sich dort, wo einzelne (meist) positive Momente oder Szenen so kommentiert werden, dass der Eindruck entsteht, aus einzelnen Szenen generelle Aussagen ableiten zu wollen.

Beispiel
In einer Supervisionssitzung schildert eine Beraterin ein Problem mit der Mutter des siebenjährigen Jungen Nico mit ADHS-Diagnose. Die Beraterin habe bei der Videointeraktionsanalyse positive Bilder und Szenen gefunden, die »belegen«, dass Nico sehr wohl in der Lage sei, sich auch über einen längeren Zeitraum zu konzentrieren und in einen positiven emotionalen Austausch mit seiner Mutter zu treten. Sie habe die Bilder der Mutter gezeigt. Entgegen den Erwartungen der Beraterin habe die Mutter nicht positiv, sondern eher »kühl und reserviert« auf die Präsentation reagiert. Im Review mit der Mutter, das die Beraterin zu Supervisionszwecken gefilmt hatte, ist zu sehen, dass die Beraterin zu den einzelnen Bildern Kommentare abgab wie: »In diesem Clip ist zu sehen, wie gut sich Nico konzentrieren kann.« Ein weiterer Kommentar war: »Nico und Sie haben eine positive emotionale Beziehung; das können Sie hier sehen.« Und es folgte das Standbild eines freundlichen Blickkontaktes.

In der Supervision wurde verdeutlicht, dass sich Nicos Mutter gegen die verallgemeinernden Äußerungen der Beraterin wehrte, weil sie Nico wie auch sich selbst als »zu positiv« dargestellt sah und sich von der Beraterin in ihrem Kummer nicht verstanden fühlte. Der Beraterin wurde deutlich, dass verallgemeinernde Kommentare beim Gegenüber recht schnell innere Zweifel hervorrufen können und dass es eine große Hilfe ist, spezifische Kommentare abzugeben; z. B. hervorzuheben, dass es sich immer um Momentaufnahmen handelt: »Hier ist ein Moment, in dem Nico sich etwas länger konzentriert.« Eine solche Kommentierung enthält die implizite Mitteilung an die Gesprächspartnerin, dass sich die Beraterin sehr wohl bewusst ist, dass es auch viele andere, schwierige Momente mit Nico gibt.

Während der Videoberatung lernen die Berater die Reaktions- und Verarbeitungsweisen kennen, wie die Eltern / Betreuer dem dargebotenen Bildmaterial bgegnen. Auf diese Weise sind die Videoberatungen sowohl Interventionen als auch Explorationen. Der explorative Aspekt von Marte-Meo-Beratungen tritt besonders in den Supervisionen der Beratungsarbeit in den Vordergrund.

Die Eltern lernen durch das Setting der Videoberatung, sich und ihr Kind in der Interaktion miteinander genau zu beobachten. Die Kommentare des Beraters zu den Bildern sind wertschätzend und neutral und geben den Eltern die Gelegenheit, das, was sie sehen und dabei erfahren, ins Gespräch zu bringen. Dabei wird anhand der Kommentare der Eltern deutlich, ob diese das beobachtete Geschehen beschreiben, erklären oder bewerten.

Die Aufgabe des Beraters besteht darin, präzise bei den Beobachtungen zu bleiben und zu beschreiben, welche Aktionen und Reaktionen von Moment zu Moment zu sehen sind. Auf diese Weise können die Klienten den Beobachtungen Schritt für Schritt folgen, wenn beispielsweise gesagt wird: »*In diesem Moment nimmt Dennis den Ball. Sie sehen, dass er den Ball nimmt, und sagen: Du nimmst den Ball.*«

Eine solche genaue Beobachtungssprache bleibt innerhalb der Bilder und Szenen und erfasst die Abläufe der Interaktionen. Die Beobachter können dann ins Geschehen eintauchen und gemeinsame Erfahrung beobachtend nacherleben. Auf diese Weise wird in den Bildern und Szenen gearbeitet.[20] Die Klienten können das

---

20 Andere video*gestützte* Verfahren arbeiten dagegen eher *mit* den Bildern und Szenen und benutzen diese als eine Stütze für eine Reflexion des Geschehens. Die Marte-Meo-Methode ist phänomenologisch, an dem beobachtbaren Geschehen ausgerichtet und kann von daher treffend als ein video*basiertes* Verfahren bezeichnet werden.

genaue Beobachten miterleben und auf diesem Wege einüben. Dabei werden sie sich in der Regel in die interagierenden Personen einfühlen. Durch die angeleitete und vom Berater moderierte Beobachtung entsteht häufig eine wohlwollende Distanz zum Geschehen. Diese ist eine Basis dafür, positive und unterstützende Interaktionen im Alltag selbst, aus eigener Kraft, wiederzuerkennen und sodann auch wiederholen zu können.

Erst wenn die Klienten dem konkreten Geschehen folgen können, werden in den Beratungen auch verallgemeinernde Beschreibungen und Erklärungen verwendet, etwa wenn auf die Marte-Meo-Elemente und ihre entwicklungsunterstützende Bedeutung hingewiesen wird: »*Wenn Dennis den Ball nimmt und Sie in diesem Moment sagen: ›Du nimmst den Ball‹, folgen Sie Dennis' Initiative. Dann kann er die Erfahrung machen: Mama sieht mich, sieht, was ich tue. Wenn Sie seine Initiative auch noch benennen, lernt Dennis mit der Zeit, selbst Worte für seine Aktionen zu benutzen. Sobald er das tut, wird er für andere Kinder vorhersehbar und damit ein attraktiver Spielpartner. Darüber hinaus unterstützt das Benennen der eigenen Aktionen seine eigene Selbstwahrnehmung.*«

Dabei ist zu beachten, dass nicht zu schnell verallgemeinert und erklärt wird, weil die Aufmerksamkeit der Klienten dann von dem, was geschieht, zu dem, was zum Geschehen gedacht werden kann, weggelenkt wird. In diesen Fällen sind die Bilder eher eine Reflexionshilfe als eine Hilfe zur konkreten Veränderung im alltäglichen Beziehungsgeschehen.

Der Berater verwendet durchgängig eine neutrale, wertschätzende und vorrangig beschreibende Sprache und stellt weitergehende Erklärungen, Bewertungen und Empfehlungen unter die Leitperspektive, wie die kindlichen Entwicklungsprozesse im Alltag gezielt unterstützt werden können.

Die Berater bilden also durch ihre Art, die Dialoge zu gestalten, ein entwicklungsorientiertes Modell, das die Eltern dabei unterstützt, selbst entwicklungsorientierte Narrationen auszubilden: »Gemeint sind damit Erzählstrukturen, die Räume für Denk- und Handlungsoptionen schaffen, die Spielräume unterschiedlicher und vielfältiger Entwicklungsmöglichkeiten einführen und so helfen können, idealisierend-dämonisierende Muster aufzulösen. Die Voraussetzung dieser Narrationen ist die Annahme von Entwicklung, Reifung und Veränderung als regelhaftem *Geschehen* – im Gegensatz zur Totalität eines ›guten‹ *Zustandes*« (Hawellek u. von Schlippe, 2008, S. 118).

Konstruktive Erzählstrukturen erfassen zentrale Aspekte der elterlichen Erfahrung und des elterlichen Verständnisses und bestätigen diese. Mit Hilfe der beobachtungsgeleiteten Arbeit werden die Kontextbedingungen sichtbar. Die beraterischen Kommentare können diese in eine episodisch-konkrete Form bringen, die klärt »wer, was, wo, wie« handelt oder reagiert. Eine episodische Erzählform behandelt Probleme als normale vorübergehende Ereignisse, die vergangen und abgeschlossen sind. Damit wird impliziert, dass zukünftig auch andersartige, positive Episoden möglich sind.

Im beraterischen Dialog geht es in einem weiteren Schritt darum, die mit der Beobachtung verbundenen Erfahrungen und Gefühle der Beteiligten zu bestätigen und damit zu validieren. Unter der Leitperspektive, Entwicklung zu unterstützen, werden dann die Entwicklungs- und Übungsmöglichkeiten für die Klienten hervorgehoben. Damit wird ein Schritt weg vom Problem, hin zu Bewältigungsperspektiven und damit auch zu konkreten zukünftigen Handlungsoptionen getan.

Zusammenfassend lässt sich die Sprechweise der Berater wie folgt beschreiben:
- spezifisch statt generalisierend,
- neutral statt wertend,
- beschreibend statt interpretativ,
- entwicklungsorientiert, an Ressourcen anknüpfend und Möglichkeiten eröffnend statt diagnostizierend und lediglich Probleme feststellend.

Die beraterischen Narrative sind:
- beobachtungsgeleitet, konkret, episodisch;
- Erfahrungen und Gefühle bestätigend, die Selbstachtung stärkend;
- unter der Leitperspektive, Entwicklungsprozesse verantwortlich zu unterstützen, bewältigungs- und handlungsorientiert.

In den beraterischen Kommentaren werden die Akteure respektvoll als aktive (Mit-)Gestalter des Beziehungsgeschehens beschrieben.

Tabelle 11 fasst die Kernmerkmale der Abfolge von beraterischen Interventionen bei einer beobachtungsgeleiteten Beratung zusammen. Es handelt sich um die Schrittfolge von der gemeinsamen Beobachtung, der Beschreibung durch den Berater und die Merkmale seiner Kommentare und Empfehlungen.

Tabelle 11: Abfolge von Interventionen bei einer beobachtungsgeleiteten Beratung

Phänomenologische Ebene: Beschreibungen ▶	Entwicklungsperspektive: Kommentare ▶	Handlungsorientierung: Empfehlung
Auswahl positiver Momente und guter Gelegenheiten. Verwendung einer wertschätzenden, spezifischen und neutralen Beobachtungssprache.	Entwicklungsorientierte Dialoge: Hervorheben der vorhandenen sichtbaren Ressourcen und positiven Erfahrungsmöglichkeiten. Betonung von Einübung und Wiederholungen zur Etablierung von nachhaltigen Wirkungen.	Die Möglichkeiten, die Probleme und Herausforderungen aus eigener Kraft zu bewältigen, und die Entscheidungsfreiheit der Eltern werden betont: »Wenn Sie möchten, dass Tom lernt/sich entwickelt, dann können Sie ...« (Beschränkung auf eine konkrete Handlungsoption) ▶ Kontrakt

Ziel des beraterischen Dialoges sind die Verdeutlichung konkreter Unterstützungsformen und die Anregung, diese im Alltag umzusetzen.

Ein Folgevideo zeigt dann die Wirkungen der gemeinsamen Bemühungen. Es spricht in aller Regel für sich. Die Klienten lernen mit Unterstützung der Berater die positiven Veränderungen in den Blick zu nehmen. Diese wirken als klare Bestätigungen der bisherigen Bemühungen und des eingeschlagenen Weges. Häufig berichten Eltern von einem deutlichen Zuwachs an Selbstsicherheit und Selbstvertrauen, was den Umgang mit den Kindern betrifft. Viele Eltern machen spontane Transfers in andere Beziehungen: »Das, was mit Jan klappt, werde ich auch bei seinem jüngeren Bruder anwenden.«

Bisweilen führen die Folgevideos bei den Beratern auch zu Erfahrungen von Ernüchterung, etwa dann, wenn zu sehen ist, dass die Eltern die Informationen aus der Videoberatung nicht umsetzen. Solche Verläufe können mit Hilfe der Videosupervisionen zu wichtigen Lernimpulsen und sodann zu einer »konstruktiven Ernüchterung« führen. Für die anschließende Beratung ist es hilfreich, nicht die Eltern zu kritisieren (was häufig einer der ersten spontanen Impulse ist), sondern eine nicht ausreichend präzise Beratung dafür verantwortlich zu machen, etwa mit Formulierungen wie: »Als ich mir die Aufnahme angeschaut habe, ist mir klar geworden, dass ich mich offensichtlich nicht verständlich genug ausgedrückt habe ...«

Auf diese Weise sorgen Folgevideos für ein recht unmittelbares Feedback für die Eltern und Berater. Sie tragen damit zu einer Bestätigung, Modifizierung oder Erweiterung der elterlichen und beraterischen Bemühungen bei. Wenn die Folgevideos den Eltern am Ende des Beratungsprozesses ausgehändigt werden, sind sie häufig zu einer für die Klienten wichtigen Dokumentation ihrer persönlichen Entwicklungsprozesse geworden.

Neben einer freundlichen Atmosphäre sorgt der Berater für eine klare Struktur, die allen Beteiligten eine positive Orientierung anbietet. Dazu gehört eine Information über den Ablauf der Beratungsstunde, also über das, was die Eltern erwarten können. Dabei ist das elterliche Anliegen der Ausgangs- und Anknüpfungspunkt der Beratung. Die in der VIA vorbereiteten beobachtungsleitenden Fragen (vgl. 5.2) werden anhand von Videoclips mit Bildinformationen über das konkrete entwicklungsunterstützende Verhalten der Eltern beantwortet.

- Die Bilder zeigen, in welchen Momenten oder bei welchen Gelegenheiten (entwicklungs-)unterstützende Kommunikation stattfindet, also *wann* sie geschieht oder geschehen könnte.
- Sie zeigen, welche Verhaltensweisen der Eltern (entwicklungs-)unterstützend sind, also *was* konkret darunter zu verstehen ist.
- Derjenige, der die Bilder präsentiert, zeigt, *wie* die (entwicklungs-)unterstützende Kommunikation auf das Kind oder die Kinder wirkt. Dieser phänomenologische Zugang verhilft den Eltern zu genauem Beobachten ihrer Kinder.
- Derjenige, der die Bilder zeigt, sagt schließlich, *warum* es sich

um (entwicklungs-)unterstützende Kommunikation handelt. Dies geschieht vorrangig auch dadurch, dass benannt wird, welche Erfahrung das Kind bzw. die Person(en) in dem gezeigten Moment machen können. Dieser erklärende Zugang verhilft den Eltern zu einem vertieften Verständnis des ablaufenden Beziehungsgeschehens.

- Beobachtungsgeleitete Beratung informiert durch Bilder und Bildabfolgen. Daher folgt sie der Regel: Keine Information ohne Bild.
- Die Beratung orientiert sich daran, wie es den Adressaten ermöglicht werden kann, die passenden Bilder aufzunehmen und zu verarbeiten. Daher müssen in den Momenten, in denen über die Bilder gesprochen wird, die Bilder angehalten werden: Wenn gesprochen wird, stoppt der Film.
- Die Beratung folgt dem Rhythmus: ein Bild, eine (verbale) Information und ein Dialog. Der Dialog über das Gesehene ermöglicht dem Berater eine Orientierung darüber, welche Gedanken und Gefühle die Adressaten mit den Bildern verbinden.

Im Marte-Meo-Konzept wird die Beratungsstunde meist mit einer Empfehlung für ein konkretes Verhalten in bestimmten Situationen beendet, so dass die Eltern in der näheren Zukunft alternative Handlungsmodelle in der Interaktion mit dem Kind ausprobieren und einüben können.

Zukünftige Situationen werden dann zu einer Art Übungs- oder Coachingeinheit in einem gemeinsamen Projekt. Bedeutsam ist, dass die Adressaten verstanden haben, warum das veränderte Verhalten die nächsten Entwicklungsschritte positiv unterstützt. Ein solches Verständnis wird dann bestärkt, wenn die Berater in der Videobeobachtung die achtsame Einfühlung der Eltern unterstützen, etwa indem sie hervorheben, welche Erfahrungen das Kind in Momenten positiver Interaktion machen kann. Auf diese Weise können Eltern und Betreuer am eigenen Modell lernen und Selbstwirksamkeitserfahrungen (Bandura, 1979) machen, die sich positiv auf ihr Selbstbild als kompetente Eltern auswirken.

Darüber hinaus bietet der Berater den Eltern ein Modell positiver Kommunikation, so dass die Eltern das, was sie ihren Kindern vermitteln, zuerst selbst im Dialog mit dem Berater erleben.

Wenn mehrere Verantwortungsträger, z. B. ein Elterpaar oder Eltern und Erzieher, auf den Bildern zu sehen sind und beraten werden, entwickelt sich bisweilen ein Prozess, der Erziehungs- und Familienberatern und anderen Helfern sehr vertraut ist und der in dem nachstehenden Cartoon (Abb. 23) recht prägnant dargestellt wird.

Abbildung 23 © Jules Stauber

Das Bild charakterisiert eine »Doppelbeelterung« mit ihren Folgen für das Kind. Doppelbeelterungen führen zu einer Überstimulation des Kindes und sind Hinweise auf einen hohen Abstimmungs- und Kooperationsbedarf der verantwortlichen Erwachsenen.

Bei der Beratung von mehreren Verantwortungsträgern, z. B. einem Elternpaar, bekommt das Beratungsgespräch einen doppelten Fokus: Bei der Beobachtung des Kindes liegt der Fokus auf einer achtsamen Einfühlung bzw. auf der Feinfühligkeit gegenüber dem Kind. Mit Blick auf die Erwachsenen wird deren positive Kooperation(smöglichkeit) ins Blickfeld gerückt (s. Abb. 24 nach Hedenbro u. Liden, 2005).

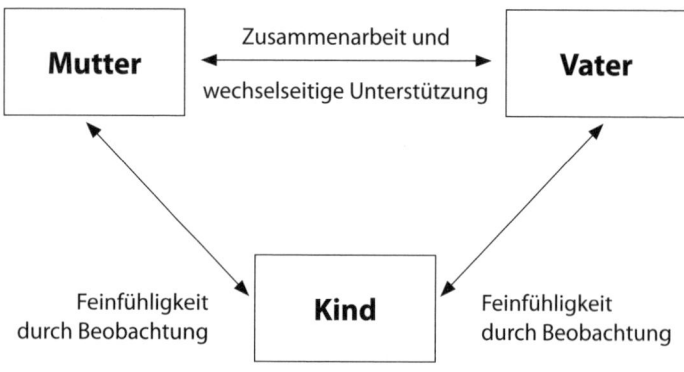

Abbildung 24

In dieser Perspektive bilden die Eltern bzw. Erwachsenen eine Verantwortungsgemeinschaft gegenüber dem Kind. Dabei ist bedeutsam, dass die Eltern bzw. Erwachsenen ihre Erziehungsaufgabe und die dadurch gegebene Verantwortlichkeit akzeptieren. Aufgabe der Berater ist, die Eltern bei der Ausübung ihrer Elternrolle zu stärken und zu unterstützen und ggf. zu fordern. Zur Elternrolle gehören neben den Elternrechten auch Pflichten, Ziele, Aufgaben und Ergebnisse, mit denen die Eltern häufig erst lernen müssen umzugehen.

Darüber hinaus treten die Eltern zugleich als Personen mit ihren individuellen Erfahrungen, Gefühlen und Sehnsüchten in die Beratungsbeziehung. Im Rahmen der beobachtungsgeleiteten Familienberatung suchen die Berater Anschluss an die Erfahrungswelten der Eltern und fühlen sich in sie ein, halten sich selbst aber von den elterlichen Rollenaufgaben fern. In diesem Sinne hilft diese Arbeitsform den Eltern, sich als Personen gesehen und akzeptiert zu fühlen und zugleich kompetent »ihren Job« zu machen, und kann daher als eine besondere Form von Elterncoaching bezeichnet werden (von Schlippe u. Hawellek, 2005).

Eine beobachtungsgeleitete Beratung erfolgt Schritt für Schritt; sie wurde auch als »Kunst der kleinen Schritte« (Hawellek u. Meyer zu Gellenbeck, 2005) bezeichnet. Die Abfolge dieser Schritte kann aus der Sicht des Beraters prototypisch folgendermaßen dargestellt werden:
- Zeige Videoclips, die deutlich machen, dass du das »Problem« verstanden hast.

- Gib den elterlichen Ideen und Gefühlen zu diesen Bildern Raum.
- Benenne die Botschaft hinter dem Problem in einer Entwicklungsperspektive: Hier zeigt das Kind durch sein Verhalten: »Ich habe noch nicht genügend ... entwickelt.«
- Zeige Clips von elterlichen Verhaltensweisen, die dazu beitragen können, den zunächst anstehenden Entwicklungsschritt des Kindes zu unterstützen.
- Zeige ggf. (alternativ) Clips von Momenten des Alltags, in denen es die Gelegenheit gäbe, das unterstützende Verhalten zu zeigen.
- Stelle sicher, dass die Eltern / Betreuer gesehen und verstanden haben, welche Form von Unterstützung du *konkret* meinst.
- Biete einen nächsten Kontrakt mit dieser einen Empfehlung an.
- Filme eine vergleichbare Situation ca. innerhalb von 14 Tagen.
- Zeige die Folgen des veränderten Erwachsenenverhaltens anhand der Verhaltensänderungen bei den Kindern.
- Bestätige die Erwachsenen in ihrem Unterstützungsschritt.
- Gib Raum für weitere Fragestellungen und kläre ggf. weitere Arbeitsschritte.

Die zeitlichen Formate beobachtungsgeleiteter Beratungen richten sich nach den jeweiligen Aufträgen und den individuellen Entwicklungsverläufen. Sie hängen von der Motivation, dem Lerntempo und der jeweiligen Unterstützung durch die Berater ab und variieren von kurzfristigen Fokalinterventionen von wenigen Wochen bis hin zu langfristigen Unterstützungsprozessen von unter Umständen mehreren Jahren.[21]

Ein zentrales Prinzip beobachtungsgeleiteter Beratungen ist die Schulung der Aufmerksamkeit bzw. Achtsamkeit (von Schlippe in: Bünder et al., 2009). Dies kann zugleich als ein anfangs noch unspezifischer, genereller positiver Effekt dieser Arbeitsform angesehen werden.

Die Suchprozesse der beraterischen Arbeit richten sich nach »guten Passungen« (Zentner, 1993) zwischen den Entwicklungsbedürfnissen der Kinder und den Unterstützungsformen und -möglichkeiten der Erwachsenen.

---

21 Eine solche zeitliche Varianz der Beratungsformate ist im Rahmen von Erziehungs- und Familienberatung durchaus verbreitet.

Insofern ist z. B. Marte Meo keine im alltagssprachlichen Sinne »pädagogische« Methode, die »richtiges« und »falsches« Elternverhalten vermittelt, sondern ein Weg, nach geeigneten alltagstauglichen und praktischen Passungen zu suchen. Zentner sieht »die Attraktivität des Passungs-Konzeptes [...] darin begründet, dass eine ganze Reihe von Verhaltensstörungen weder auf eine Pathologie der Eltern (oder anderer Umweltnoxen) zurückgeführt werden noch auf eine wie immer auch zu erklärende Störung des Kindes, sondern [...] auf eine *Unvereinbarkeit der normalen Variationen der beiden*« (Zentner, 1993, S. 170). »Ein Erziehungsstil ist demnach so gut, wie er der Natur des einzelnen Kindes angepasst ist« (S. 171).

Neben einer Passung zwischen den Entwicklungsbedürfnissen des individuellen Kindes und dem Verhalten der verantwortlichen Erwachsenen spielt auch die Passung dieser beiden Komponenten mit der jeweils konkreten Alltagssituation und der jeweils aktuellen Verfassung der Beziehungspartner eine bedeutsame Rolle. Dabei ist die beobachtungsgeleitete Beratung eine wertvolle Hilfe, weil sie von der Methode her die jeweiligen praktischen Umstände, den Alltagskontext immer mit erfasst und in den Blick nimmt.

Videoaufnahmen ermöglichen Einfühlung – auch in sich selbst – aus der Rolle von teilnehmenden Beobachtern heraus. So gewährleistet das Setting eine Rollendistanz und ermöglicht den Klienten eine Teilnahme an der Situation sowie eine reflektierte und reflektierende Empathie sowohl mit sich selbst wie auch mit dem Kind.

Die Einführung der Leitperspektive der Entwicklungsförderung weist dem Klienten die Rolle eines zukünftig aktiv mitgestaltenden und förderlichen Interaktionsteilnehmers zu. Mittels der Videobilder von eigenen Alltagssituationen werden Gestaltungs- und Handlungsmöglichkeiten und -gelegenheiten verstehbar und konkret. Mit Hilfe des eigenen positiven Modells und Vorbildes gewinnt die Methode bei vielen Klienten schnell an Attraktivität und kann zu einer Quelle positiver Selbsterfahrung wie auch Selbstwirksamkeitserfahrung werden.

Die Kraft der Bilder (Hawellek, 1997) transportiert praxistaugliche Informationen für die Be- und Erziehungsarbeit im Alltag der Familien. Dennoch benötigen sie eine sichere und vertrauensvolle Beratungsbeziehung als Grundlage für die Verarbeitung der Bilder und der mit ihnen verbundenen Bedeutungen in konstruktiven Dialogen. Videobasierte Informationen sind unmittelbar zu verstehen und sofort zu nutzen. Insofern kann beobachtungsgeleitetes Lernen als unmittelbar evidenzgesteuert charakterisiert werden, d. h., Annahmen und Vermutungen sowie jegliche Form der Hypothesenbildung werden durch die gemeinsame Beobachtung evaluiert. Auf diesem Wege werden Überlegungen und Planungen in der alltäglichen Be- und Erziehungspraxis geerdet und verankert.

5.4 Beobachtungsgeleitete Entwicklungsförderung und Psychotherapie

Unsere abschließenden Betrachtungen widmen sich dem Verhältnis zwischen beobachtungsgeleiteten Beratungen nach der Marte-Meo-Methode und den bekannten und verbreiteten psychotherapeutischen Arbeitskonzepten. Dabei erweist sich auch die Methode der beobachtungsgeleiteten Beratung, wie bereits schon die Modellvorstellungen (Kap. 4.6), als vielfach anschluss- und ergänzungsfähig an das psychotherapeutische Knowhow. Für manchen erfahrenen Psychotherapeuten bietet die Methode so etwas wie eine Möglichkeit zu einem beobachtungsgeleitetem »Upgrade« ihrer bewährten Konzepte. Dieses Upgrade besteht in der Errichtung einer prozessorientierten und mikroanalytisch-phänomenologischen Beobachterposition, die dabei hilft, klinische Hypothesen zu überprüfen und die Aktualwirkung von Settings und Interventionen zu untersuchen.

Seit den 1980er Jahren ist eine Entwicklung zu beobachten, bei der sich die – bis dato eher getrennt geführten – wissenschaftlichen Diskurse der klinischen Theorien auf der einen und der Baby- und Kleinkindforschung auf der anderen Seite aneinander annähern (Petzold, 1993, 1995; Keller, 2001). Für die Kliniker bestand ein Interesse daran, mehr wissenschaftlich fundiertes und empirisch abgesichertes Wissen über die Genese sog. früher Störungen zu bekommen (Petzold, 1993). Ferner bestand ein ausgeprägtes Interesse daran, die Annahmen älterer, nicht auf systematischen Beobachtungen begründeter psychoanalytischer Entwicklungstheorien zu überprüfen und ggf. zu revidieren: »Die Entwicklungspsychologie muss in die Psychotherapie integriert sein. Das war eine der großen Erkenntnisse von *Freud* [...] Die *neuen Erkenntnisse* der Entwicklungspsychologie müssen in die Psychotherapie integriert werden, denn sie verändern unser Verständnis der Persönlichkeitsentwicklung und der Entstehung von seelischen Krankheiten grundlegend« (Strotzka in: Petzold, 1993).

Einen weiteren Brückenschlag zwischen klinischer und entwicklungstheoretischer Arbeit hat eine sich fortwährend weiterentwickelnde Videotechnik ermöglicht, die einen immer besseren Zugang zum »beobachteten Kind« schuf. Das belegen insbesondere auch die Arbeiten Daniel Sterns (1992, 1996, 1998, 2010, 2011), dem als Psychoanalytiker und Babyforscher die Integration von entwicklungspsychologischer und klinischer Expertise besonders eindrucksvoll gelang. Wie im Marte-Meo-Modell nimmt Stern in besonderer Weise Ereignisse auf der Mikroebene des Beziehungsgeschehens im Alltag in den Blick (Stern, 2011, 2010). Er begründet dieses Vorgehen damit, »dass die lokale Ebene [d. h. die Mikroebene, C. H.] die Vorgänge enthält, aus denen die verbalen Abstraktionen hervorgehen, und dass sie das Terrain darstellt, auf dem die Abstraktionen und Generalisierungen sodann konkretisiert und geäußert werden« (Stern, 2011, S. 175).

Im Rahmen seiner Wirkungsforschung zur Psychotherapie hat Grawe (1995) ein Modell vorgestellt, das den Anspruch erhebt, die Wirkfaktoren der psychotherapeutischen Arbeit unabhängig von der jeweiligen psychotherapeutischen Ausrichtung zusammenzufassen und zu beschreiben. Grawe hebt vier Wirkprinzipien psychotherapeutischer Arbeit hervor, die nach seiner Ansicht »den Grundriss einer zukünftigen Allgemeinen Psychotherapie darstellen« (Grawe, 1995, S. 85).

Diese Prinzipien werden nachstehend mit den Konzepten der Marte-Meo-Methode auf Gemeinsamkeiten und Unterschiede hin beleuchtet.

Als ersten Wirkfaktor benennt Grawe die Ressourcenaktivierung: »Man kann Patienten besonders gut helfen, indem man an ihre positiven Möglichkeiten, Eigenarten, Fähigkeiten und Motivationen anknüpft; indem man die Art der Hilfe so gestaltet, dass der Patient sich in der Therapie auch in seinen Stärken und positiven Seiten erfahren kann« (Grawe, 1995, S. 85).

Die Marte-Meo-Arbeit zielt darauf ab, die Ressourcen der an einem Beziehungsgeschehen Beteiligten zu identifizieren, zu präsentieren und zu aktivieren. Ein Großteil entwicklungsunterstützender Kommunikation verläuft intuitiv (Papoušek, 2001) unterhalb der Schwelle des Gewahrseins. Die gezielte Präsentation einer förderlichen Szenerie kann das Kompetenzerleben der Eltern und ihr Zutrauen in sich selbst nachhaltig stärken, insbesondere dann, wenn sie Hilfen zum gezielten Gebrauch ihrer Ressource erhalten.

Als ein weiteres Wirkprinzip gilt die »Problemaktualisierung oder das Prinzip der realen Erfahrung. Probleme können am besten in einem Setting behandelt werden, in dem eben diese Probleme real erfahren werden« (Grawe, 1995, S. 86).

Die Videoclips zeigen die Alltagsrealität der Klienten. Im Alltagsgeschehen sind die Probleme da und unabweislich. Nicht selten bekommt man in der Familienberatung Sätze wie diese zu hören: »Sie sollten einmal mitbekommen, was er für ein Theater macht, wenn ich ihn bitte, den Computer auszustellen. Das glaubt man nicht, wenn man es nicht selbst gesehen hat!« Solche Sätze weisen darauf hin, dass manchen Klienten ein bloßer Bericht nicht ausreichend erscheint, um ihre Sorgen und Not so auszudrücken, dass sie sich gesehen und verstanden fühlen. Manchmal erscheint es so, als suchten sie Zeugen, um ihre Probleme als »real« bestätigt zu wissen. In derartigen Situationen ist die beobachtungsgeleitete Arbeit eine ausgezeichnete Hilfe. Die Klienten können erleben, wie der Berater die Bilder von ihnen aufnimmt, beschreibt und kommentiert. Sie erfahren ihre Probleme als real mit dem Abstand und der beruhigten Atmosphäre des Beratungssettings. Mit Hilfe der Videoclips, die auch die Probleme »enthalten«, können die Berater den Klienten zeigen, dass sie ihre Sorgen verstehen und ihre Not wahrnehmen können.

Aarts weist in ihren Seminaren immer wieder darauf hin, dass die Marte-Meo-Methode nicht in erster Linie lösungsorientiert ist und nur auf das Positive abzielt. Wenn das so wäre, entstünde leicht ein Glaubwürdigkeitsproblem. Klienten, die in Not und Sorge sind, müssen diese auch in den Bildern wiederfinden und bestätigt sehen dürfen, bevor sie sich den Möglichkeiten und positiven Momenten zuwenden können.

Grawe stellt eine aktive Hilfe zur Problembewältigung als weiteren Wirkfaktor einer allgemeinen Psychotherapie heraus: »Der Therapeut sollte den Patienten mit geeigneten Maßnahmen aktiv darin unterstützen oder direkt dazu anleiten, mit einem Problem besser fertig zu werden [...] Für die therapeutische Wirkung ist entscheidend, dass der Patient die reale Erfahrung macht, besser mit der betreffenden Situation zurechtzukommen« (Grawe, 1995, S. 87).

Ein zentraler Unterschied, der eine beobachtungsgeleitete Beratung kennzeichnet, ist die systematische Einführung des Videofeedbacks in den Beratungsprozess. Damit tritt neben Klient und Berater eine dritte Instanz auf; Ausschnitte aus der Alltagsrealität, um die es als Anliegen und Thema der Beratung geht, treten sozusagen selbst auf.

Die beobachtungsgeleitete Beratungs- und Coachingarbeit besteht aus Abfolgen von Zyklen aus *Beobachtung* ▸ *Beratung und Handlungsempfehlung* ▸ *erneuter Beobachtung einer vergleichbaren Situation* ▸ *Beratung, Evaluation der beobachtbaren Effekte und daraufhin angepasster Handlungsempfehlung* usw.

Innerhalb dieser Zyklen erhalten Klienten wie Berater unmittelbaren Aufschluss über die Effekte der gemeinsamen Bemühungen. Das, was in den Beratungen erarbeitet wird, wird zeitnah an einer veränderten Praxis validiert. Die Klienten können sich und ihre erhöhte Problemkompetenz beobachten. Wo das nicht der Fall ist, kann eine alternative Option geprüft und in der Praxis erprobt werden. In jedem Fall spielen die Klienten die aktive und gestaltende Rolle, sie machen die Arbeit und ihnen »gehört« der Fortschritt und der Erfolg (von Schlippe u. Hawellek, 2005, S. 31).

Als einen vierten Wirkfaktor psychotherapeutischen Arbeitens beschreibt Grawe »therapeutische Vorgehensweisen, die gerade das nicht tun, was ich [Grawe, C. H.] zuvor als aktive Hilfe zur Problembewältigung beschrieben habe, und die trotzdem gute therapeutische Wirkungen erzielen« (Grawe, 1995, S. 88). Als Beispiel nennt Grawe die Gesprächspsychotherapie und bezeichnet deren Wirkprinzip »als therapeutische Klärung oder Klärungsarbeit« (S. 88).

In den konstruktiven Dialogen der Gesprächspsychotherapie, die in verschiedener Hinsicht Merkmale entwicklungsunterstützender Kommunikation aufweisen, werden bei den Klienten offensichtlich Ressourcen aktiviert, die eine erhöhte Selbstwahrnehmung und Selbstexploration nach sich ziehen. In einer positiven Klient-Berater-Beziehung mit unterstützenden und konstruktiven Dialogen (Bünder et al., 2009) wird es den Klienten ebenfalls möglich, sich selbst als beziehungskompetent zu erfahren. In der beobachtungsgeleiteten Beratung wird diese Erfahrung durch die Präsentation der Videobilder unterstützt, gefestigt und darüber hinaus auch dokumentiert.

Es wäre sehr verwunderlich, wenn sich nicht weitgehende Entsprechungen zwischen entwicklungsunterstützender Kommunikation und psychotherapeutischer Arbeit ausmachen ließen, zumal psychotherapeutisches Arbeiten im Wesentlichen auch in der Anregung, Unterstützung und Förderung positiver Entwicklungsverläufe besteht.

6 Schluss

Die der Marte-Meo-Methode zugrunde liegenden Modellvorstellungen orientieren sich an entwicklungsunterstützenden Dialogen. Diese folgen ihrer Struktur und Dynamik nach einigen Grundprinzipien, erweisen sich jedoch in ihrer alltagspraktischen Verwirklichung als ungeheuer vielgestaltig.

Alle Entwicklung beginnt mit *Zu-Stimmung*, die Energien freisetzt und unterstützt. Derartige Zustimmungen entstehen in den frühen Eltern-Kind-Dialogen, die einen »Liebeskreislauf« (M. Aarts) oder einen Engelskreis (Papoušek et al., 2004) möglich machen. Ein solcher Kreislauf ist ein Zirkel wechselseitiger Bestätigung oder Gegenseitigkeit (Stierlin, 1980), ein »Yes-Set«, das bei den Beteiligten positive Gefühle und Denkmuster freisetzt. Die Dynamik, die dann entsteht, ist von Explorationsfreude, Kreativität und Lust am Geschehen geprägt.

Die *Dia-Logik* dieser Dialoge zu kennen, zu ermöglichen und zu praktizieren, ist Aufgabe von Entwicklungsförderung und -unterstützung in Erziehung, Psychotherapie und Betreuung.

Die beobachtungsgeleitete Methode besticht durch ihre Transparenz und Evidenz. Die Explorationsprozesse orientieren sich an präzisen Beobachtungen, die Interventionen erfolgen durch gezielte Präsentationen, die mit Informationen über entwicklungsförderliche Möglichkeiten verbunden werden. Durch die mit den Videointeraktionsanalysen mögliche systematische Entschleunigung wird Präzision erzielt. Die Methode erfasst die jeweiligen Kontexte von Kommunikation und bleibt somit konkret. Für Klienten und Berater schafft sie die Voraussetzungen für einen multimodalen gemeinsamen Explorations- und Lernprozess.

Die Klienten schöpfen die Anstöße für bedeutsame Veränderungen aus dem eigenen Leben und den eigenen Fähigkeiten und gewinnen einen Zugang dazu, (wieder) zu aktiven Akteuren und Mitgestaltern der eigenen Beziehungsrealitäten zu werden; und das durch die eigene Kraft und auf die eigene Art.

Die Berater sind eher Coaches, die Informationen durch eine gezielte Auswahl von Bildpräsentationen geben. Ihre Kompetenzen bestehen darin, entwicklungsförderliche Momente zu identifizieren, zu zeigen und zu kommentieren und die Effekte gemeinsam mit den Klienten zu genießen.

Anhang A: Orientierungshilfen für Videointeraktionsanalysen (VIAS)

Im nachfolgenden Anhang finden sich Listen, bisweilen auch »Checklisten« genannt, die eine Orientierungshilfe für Videointeraktionsanalysen und Empfehlungen für unterstützendes Verhalten bieten.

Sie beziehen sich auf verschiedene Adressatengruppen und typische Problemsituationen und erheben weder den Anspruch auf Systematik noch auf Vollständigkeit, sondern sollten als – durchaus noch ergänzungsfähige – Anregungen für das Auffinden passender informativer Videobilder gelesen werden. Diese Listen haben sich in der Beratungspraxis bisher als nützliche Hilfen für die Suche nach und Identifikation von Entwicklungsgelegenheiten bewährt.

Die Listen entstammen überwiegend dem Basisbuch von Maria Aarts (2009) bzw. wurden von Praktikern erstellt und an Kollegen weitergegeben.

In ihrem Buch »Marte-Meo-Methode für Schulen« hat Josje Aarts (2007) einige detaillierte Listen für Lehrer und Schüler vorgelegt.

Schreibabys

- Warten die Eltern und folgen sie den Initiativen des Babys?
- Unterstützen die Eltern die besten Initiativen des Babys, indem sie z. B. die besten Töne wiederholen und die besten Gesichter zurückspiegeln?
- Folgen die Eltern den Blicken des Babys und unterstützen es, indem sie benennen, worauf das Baby schaut?
- Benutzen die Eltern warme Töne und gute Gesichter und schaffen sie so eine warme Atmosphäre?
- Haben die Eltern einen emotionalen Austausch mit dem Baby, der auf den emotionalen Initiativen des Babys beruht?

- Benutzen die Eltern »Aufmerksamkeitstöne«?
- Zeigen die Eltern Initiativen?
- Geben die Eltern dem Baby Zeit, um Informationen aufzunehmen?
- Wechseln sich die Eltern mit dem Baby ab, ausgehend von eigenen Initiativen?
- Arbeiten die Eltern zusammen?
- Zeigen die Eltern positive Anleitung?

Empfehlungen für Kinder mit expansiven Schwierigkeiten[22]

Schaffen positiver Atmosphären

- Benutze »Konversationstöne«, nicht (überwiegend) »Korrekturtöne«.
- Wenn das Kind lächelt, spiegle das Gesicht des Kindes und schaffe einen längeren guten Moment des emotionalen Austausches.
- Zeige dem Kind hin und wieder ein »gutes Gesicht«. Viele Kinder mit Verhaltensproblemen sehen selten gute Gesichter. Ein gutes Gesicht ist die Mitteilung: »Ich habe dich gern in meiner Nähe.« Es zeigt, dass jemand mit ihnen zufrieden ist. Diese Kinder sehen zu oft, dass Menschen von ihnen enttäuscht sind. In der Folge vermeiden sie dann meist Face-to-Face-Kontakte.

Expansive Kinder benötigen eine externe und interne Struktur.

Stimulation der internen Struktur

- *Benennen der kindlichen Initiativen.* Ein Benennen der kindlichen Initiativen ermöglicht und erleichtert die Selbstregistration und Selbstregulation des Kindes. Expansive Kinder benötigen eine derartige Unterstützung bisweilen länger als normal entwickelte Kinder. Eltern benennen intuitiv die Initiativen von Babys und

---

22 Damit sind auch Kinder mit einer ADHS-Diagnose gemeint.

Kleinkindern und hören damit auf, wenn die Kinder eine Fähigkeit zur Selbstregistration entwickelt haben. Bei unruhigen Kindern sollten die Eltern (u. U. gegen ihr intuitives Timing) eine derartige Unterstützung über längere Zeit geben. Sie geben den Kindern auf diese Weise auch eine Bestärkung darin, dass sie sie sehen; die Kinder können dann darauf verzichten, sich so groß zu machen.

- *Stimulation eines positiven Selbstbildes:* Die Eltern drücken ihre Gedanken und Empfindungen zum kindlichen Verhalten aus. Auf diese Weise können sie das kindliche Selbstbild positiv anreichern: »Das war eine gute Idee von dir, das Glas hierhin zu stellen; wenn du das besser können willst, üben wir noch etwas; ich zeig dir, wie. Ja, so geht es schon besser!« usw.
- *Wählen der angemessensten Initiativen und Bestärken im Moment ihres Auftretens:* »Ja, das ist eine bessere Idee. Ja, stell die Tassen auf den Tisch!« Auf diese Weise erhält das Kind eine Bestärkung: »Das war jetzt gut von mir, jetzt bin ich okay.« Wenn das Kind die Struktur der sozialen Situation besser erkennt und weiß, was von ihm erwartet wird, hilft ihm dies, selbst die passenden Initiativen auszuwählen.
- *Entwickeln und Strukturieren von Initiativen und Beenden mit einem klaren Abschluss:* Wenn das Kind z. B. anfängt zu malen und kurze Zeit später damit aufhört und etwas anderes tut, besteht das unterstützende elterliche Verhalten in einer schnellen angeschlossenen Reaktion: »Du willst malen, ja, da ist schon der Pinsel. Nun kannst du die Plastikdecke darunterlegen, so ist's gut! Die Farben sind hier.« Wenn das Kind zum Waschbecken geht: »Das hätte ich fast vergessen, du brauchst Wasser!« Nun können die Eltern warten und schauen, was passiert. Wenn das Kind passende Initiativen zeigt, sollten sie bestärkt werden. Wenn das Kind keine passende Initiative zeigt und z. B. kein geeignetes Gefäß für das Wasser nimmt, ist das für die Eltern eine Gelegenheit, ihm weiterzuhelfen: »Nimm das Glas dort drüben, da kann das Wasser nicht so schnell vergossen werden.« Dieses elterliche Verhalten ermöglicht es dem Kind, passende Verhaltensmodelle zu entwickeln. Auf diese Weise entwickelt das Kind auch eine bessere Konzentration und es lernt, mit seinen Aktivitäten weiterzumachen. Es lernt die Aufmerksamkeit zu fokus-

sieren und Dinge zu Ende zu bringen. Das wiederum stärkt das
Selbstbewusstsein des Kindes.
- *Gefühle wahrnehmen und ein Modell für den Umgang mit Gefühlen entwickeln:* Benennen nonverbaler Initiativen hilft, Gefühle wahrzunehmen. Wenn das kindliche Gesicht Freude zeigt, kann die Mutter sagen:»Du bist froh, deinen Papa zu sehen!« Dies ermöglicht dem Kind, die passenden Worte für seine Gefühle zu finden. Dies ist ein bedeutsames Element beim emotionalen Austausch. In der normalen Erziehung beginnen die Eltern damit, wenn das Kind ein Baby ist. Kinder mit Aufmerksamkeitsproblemen überwältigen die Eltern häufig mit ihrer Unruhe. Meistens ist diese Unruhe auch ein Anzeichen für ein extrem sprunghaftes Gefühlsleben. Es passiert häufig, dass die Eltern entwicklungsunterstützendes Verhalten anfangs zeigen, aber damit aufhören, wenn das Kind älter wird. Mehr als andere Kinder benötigen diese Kinder Hilfen dabei, mit ihren Gefühlen zurechtzukommen. Sie wissen von selbst nicht, wie.
- *Die Initiativen anderer wahrnehmen lernen:* Kinder können ermutigt werden, die Initiativen anderer zu beachten, indem die Eltern diese benennen: »Schau, Thomas holt die Pinsel!« »Sven will mitspielen; er hat auch ein Auto!« Auf den Videos ist das erste Anzeichen dafür, dass Kinder beginnen, die Initiativen anderer wahrzunehmen, dass sie ihren Kopf bewegen und umherschauen. Dies ermöglicht ihnen, mehr Information über andere Kinder zu bekommen, und erleichtert ihnen, mit ihnen in Verbindung zu treten. Eltern können auch ihre eigenen Initiativen benennen, um dem Kind dabei zu helfen zu verstehen, was andere tun und denken. Eine Mutter, die mit dem Kind Karten spielt, kann sagen: »Ich habe nur noch eine Karte. Ich bin gespannt, ob ich gewinne!«

Stimulation der externen Struktur

- Expansive Kinder benötigen *klare Anfangs- und Endsignale.* Sie benötigen eine Unterstützung, um Überblick über und Einsicht in soziale Situationen zu gewinnen. Die Eltern können die Situation dem Kind gegenüber benennen: »Schau, sie fangen an, Fußball zu spielen.« »Die Kinder sind im selben Team.« Die Beobachtung

dessen, was andere tun, vermittelt den Kindern eine Menge sozialer Informationen. Auch hier zeigen ihre Kopfbewegungen, ob sie davon profitieren können.
- *Umherschauen und sich abwechseln:* Für Menschen, die mit Gruppen von Kindern arbeiten, ist es wichtig, regelmäßig umherzuschauen. Dies vermittelt eine Menge sozialer Information. In einer Kindergruppe zu arbeiten, erfordert auch Klarheit darin, sich allen Kindern nacheinander zuzuwenden. Jeder sollte an die Reihe kommen.
- *Soziale Verhaltensmodelle – Gebote statt Verbote:* Eltern sollten Alternativen in den Aktionsmomenten der Kinder benennen können. In bestimmten Situationen ist ein passendes Verhalten erwünscht. Hyperaktive Kinder zeigen häufig durch ihr Verhalten, dass sie dies noch nicht erlernt haben. Sie tun nicht das, was die Eltern von ihnen erwarten. Eltern reagieren häufig mit Sätzen, die mit »Nicht ...« beginnen. Dabei ist es für die Kinder bedeutsam zu hören, was erwünscht ist. Sie benötigen eine andere Wahlmöglichkeit. Bei alledem ist der Gebrauch von »Konversationstönen« hilfreich.
- *Elemente von Kooperationsmodellen:* Bevor Kooperation geübt werden kann, ist eine Beschreibung des bevorstehenden Prozesses nötig: »Nun backen wir einen Kuchen. Das Erste, was wir machen, ist ... Und dann müssen wir ...« Es ist hilfreich, den Prozess schrittweise in den Aktionsmomenten zu benennen. Dabei ist ein »Kooperationston« (und kein »Kampfton«) unterstützend. Ebenso wichtig ist es, den spontanen Initiativen des Kindes zu folgen, sie auszuwählen und zu strukturieren. Die Eltern sollten ihre eigenen Initiativen benennen, so dass sie für das Kind vorhersagbar werden.

Hausaufgabensituationen

1. *Klarer Anfang mit gegenseitiger Abstimmung, z. B.:*
Die Mutter guckt das Kind an, das Kind guckt die Mutter an. Die Mutter sagt: »So, jetzt fangen wir an.« Das Kind stellt sich auf die Situation ein.

2. *Klare Anweisung mit klarer Struktur, z. B.:*
   »Pack mal aus, dann sehen wir, was zu tun ist.« Das Kind packt selbst aus – und vermittelt damit: Die Hausaufgaben sind meine Aufgaben und die Schulsachen sind meine Sachen.
3. *Dem Kind Zeit geben, es selbst zu tun, z. B.:*
   Das Kind braucht Zeit, um die Aufgaben zu verstehen; die Mutter beobachtet das Gesicht des Kindes, ob es durch seine Mimik signalisiert: »Jetzt habe ich es kapiert« – abwarten, bis dieses Signal vom Kind kommt, dann weitermachen.
4. *Aufgaben in kleine Schritte einteilen und jeden kleinen Schritt bestätigen, z. B.:*
   Das Kind erklärt, wie es die Aufgabe bearbeiten würde. Die Mutter sagt: »Ja, so ist es richtig.« Das Kind bekommt das Gefühl »Ich bin auf dem richtigen Weg« und bleibt so in einer guten Zusammenarbeit mit der Mutter. Bei schweren Aufgaben ist es wichtig, auch kleine Fortschritte zu bestätigen (z. B. nach jedem geschriebenen Buchstaben), damit das Kind motiviert bleibt und sich erfolgreich erlebt (Mutter: »Ja, so ist gut«).
5. *Jeden Arbeitschritt erfolgreich abschließen, z. B.:*
   Nach jeder bewältigten Aufgabe den Arbeitsschritt benennen und als »erfolgreich« abschließen (Mutter: »Jetzt hast du den Satz richtig verbessert, so stimmt's, jetzt können wir uns den nächsten Satz anschauen, was da gemacht werden muss«). Sie gibt dem Kind Struktur und hält es in der Zusammenarbeit.
6. *Respektmodell, z. B.:*
   Die Mutter sagt: »Gib mir mal dein Federmäppchen«, statt es einfach zu nehmen – und vermittelt damit: »Das sind deine Sachen und deine Aufgaben, ich respektiere das.« Das Kind fühlt sich für seine Sachen verantwortlich. Es lernt, auch andere Menschen und Sachen zu respektieren. Es wird nicht durch die Tätigkeiten der Mutter abgelenkt, sondern bleibt bei seinen Sachen.
7. *Problemlösungsstrategien laut kommentieren, z. B.:*
   Die Mutter spricht laut darüber, wie sie über die Aufgabe nachdenkt: »Oh, so ist das gemeint, man soll es drei Mal schreiben« – das Kind bekommt so ein Modell, wie man Unklarheiten angeht und Probleme lösen kann. Dies ermutigt das Kind, bei Schwierigkeiten nicht gleich aufzugeben.

8. *Ebene und Tempo des Kindes einhalten, seinen Initiativen folgen, z. B.:*
Das Kind wird mit seinen Ideen zur Lösung der Aufgabe wahrgenommen (»du meinst, es muss nur ein Satz geschrieben werden«), das Kind wird mit einbezogen und erlebt sich als wichtig und kompetent. Die Mutter hält sich an das Verstehenstempo des Kindes (Blickkontakt: Hat das Kind es schon verstanden?). Erst dann wieder eine neue Anweisung geben.
9. *Der Ablenkung folgen und wieder zurückführen, z. B.:*
Das Kind schaut die Bilder an der Wand an – es ist abgelenkt. Die Mutter folgt dem Kind und fragt: »Wohin schaust du?« Sie lenkt dann zurück: »Ah! – die Bilder! Und jetzt schau wieder auf dein Heft.« Das Kind lernt so, seine Aufmerksamkeit selbst zu steuern und zurückzuführen.
10. *Sich gemeinsam über Erfolge freuen, z. B.:*
»Das haben wir geschafft!« Gemeinsam schöne und erfolgreiche Momente erleben und diese benennen und miteinander teilen.

Sozial gehemmte Kinder

Verhaltensweisen, die Kinder befähigen, mit anderen zu kooperieren und zu spielen:
- Das Kind kann seine eigenen Initiativen benennen: »Ich nehme das Auto ...«
- Das Kind ist für die Initiativen anderer aufmerksam.
- Das Kind kann eigene Initiativen stoppen und jemand anderem Aufmerksamkeit widmen.
- Das Kind hat eine Fähigkeit zur Selbstregistration und ein Selbstbild entwickelt.
- Das Kind findet die passenden Initiativen im richtigen Moment.
- Das Kind kann seine Initiativen strukturieren und in ein Spielmodell übertragen.
- Das Kind kann umherschauen und soziale Informationen aufnehmen.
- Das Kind kann die Spielsituation überblicken.
- Das Kind benutzt Spieltöne und kann sie mit anderen teilen.

- Das Kind kann anderen nonverbal Emotionen zeigen.
- Das Kind ist nonverbalen Initiativen anderer gegenüber aufmerksam und zeigt, dass es sie wahrgenommen hat.
- Das Kind kann geben und nehmen.
- Das Kind kann sich mit einem anderen verbal und nonverbal abwechseln.
- Das Kind hat Kooperationstöne entwickelt.
- Das Kind kann eine Spielgeschichte präsentieren.
- Das Kind hat soziale Modelle entwickelt.
- Das Kind kann mit Kritik und Frustration fertig werden.
- Das Kind hat Problemlösungsmodelle entwickelt.
- Das Kind kann sich mit anderen in einem »sozialen Tanz« bewegen.
- Das Kind kann sich konzentrieren.
- Das Kind hat verschiedene Spielmodelle zur Verfügung.
- Das Kind kann, um seine Fantasien auszudrücken, neue Worte von anderen lernen.
- Das Kind kann es genießen, mit anderen zusammen eine gute Zeit zu verbringen.
- Das Kind kann Gefühle ausdrücken und austauschen.
- Das Kind kann zusammenarbeiten, verhandeln und sich einfühlen.
- Das Kind kann mit verschiedenen Persönlichkeiten umgehen.
- Das Kind entwickelt Vertrauen in die eigene Selbstdarstellung.
- Das Kind lernt sich besser kennen, indem es die Reaktionen anderer auf sich beachtet.
- Das Kind kann mit Verlieren und Enttäuschung zurechtkommen.
- Das Kind kann mit Gewinnen und positiver Erwartung zurechtkommen.
- Das Kind kann die Freude anderer genießen.
- Das Kind kann sich auf den Bewegungsrhythmus anderer einlassen.

Paarbeziehungen

- Ist ein »Turntaking« im Sinne eines Wechselspiels in der Kommunikation gegeben?
- Wie zeigen sich die Fähigkeiten zu geben und zu nehmen?
- Gibt es einen ausgewogenen Rhythmus in der Kommunikation?
- Können sich die Partner präsentieren?
- Können sie die eigenen Aktionen, Gedanken, Fantasien, Wünsche, Gefühle benennen?
- Sind Modelle für die Regelung von Interessenkonflikten zu sehen?
- Gibt es passende »Liebesmodelle«?
- Wie ist der Umgang mit Kritik?
- Wie ist der Umgang mit Bestätigung und Anerkennung?
- Können sie warten?
- Können sie ein gemeinsames Thema entwickeln, ausbauen, vertiefen?
- Können sie die Initiativen des anderen sehen?
- Können sie die eigenen Initiativen stoppen?
- Finden sie passende Initiativen zur Situation (Fingerspitzengefühl)?
- Können sie eigene Initiativen benennen?
- Verfügen sie über Kooperationstöne?
- Verfügen sie über »Liebestöne«?
- Können sie positive Spannungen genießen?
- Können sie positive Gefühle teilen?
- Können sie negative Gefühle teilen?
- Können sie Rollen tauschen?

Empfehlungen für Videoberatungen (Reviews)

- Mache einen emotionalen Einstieg.
- Mache einen klaren Anfang.
- Sorge für günstige Rahmenbedingungen.
- Nimm einen geeigneten Sitzplatz ein.
- Erkläre den Aufbau des Review-Prozesses.
- Benenne den Ablauf Schritt für Schritt.

- Wiederhole die Fragen, Sorgen, Wünsche oder den letzten Arbeitskontrakt mit dem Klienten.
- Zeige geeignete Bilder, um die Informationen zu vermitteln.
- Schau die Eltern/Betreuer an, wenn Du mit ihnen sprichst.
- Warte auf eine Reaktion.
- Widme dem Klienten Deine Aufmerksamkeit, wenn er spricht.
- Aktiviere einen Dialog.
- Rege einen Entwicklungsschritt an.
- Beachte die emotionalen Initiativen der Eltern/Betreuer.
- Benenne Gefühle.
- Sorge dafür, dass Du mit der Technik zurechtkommst.
- Setzte jedem Thema einen klaren Anfang und ein klares Ende.
- Benenne Dein eigenes Tun.
- Setzte jeden Ausschnitt in den passenden Zusammenhang.
- Teile die neuen Informationen präzise und anschaulich so mit, dass sie umsetzbar sind.
- Benutze die Interaktionsanalyse zur Informationsvermittlung.
- Verbinde das unterstützende Elternverhalten mit den Entwicklungsschritten des Kindes.
- Unterstütze passende Äußerungen der Eltern und bestärke sie.
- Hilf den Klienten, die neuen Informationen einzuordnen.
- Passe Deine Stimme der Situation an, z. B. emotional, sachlich, kooperativ, bestimmt usw.
- Beende die Sitzung.

Anhang B: Mustervereinbarungen

Mustervereinbarung über eine Videoberatung (Beispiel)

Liebe Eltern,
Ihr/e Berater/in hat mit Ihnen eine Videoberatung vereinbart. Die Videoberatung ist eine Beratung unter Zuhilfenahme von Videoaufnahmen von Ihnen und Ihrer Familie mit dem Ziel, Lösungsschritte für die von Ihnen beklagten Probleme zu finden. Nach den Aufnahmen analysiert Ihr/e Berater/in das Video, um Ihnen die bestmöglichen konkreten Hilfen zu bieten. In einer gemeinsamen Sitzung werden Sie dann Gelegenheit haben, mit Ihrem/Ihrer Berater/in das Video eingehend zu besprechen.

Aufgrund des § 203 StGB (Verpflichtung zum Schutz von Privatgeheimnissen) achten wir darauf, dass Ihre Videoaufnahmen nur von Ihrem/Ihrer Berater/in, deren Fachkollegen/-innen und dem Supervisor gesehen werden dürfen.

Eine Nutzung des/der Videos zu anderen als zu Beratungszwecken, z. B. als Lehrfilm, bedarf Ihrer gesonderten Erlaubnis.

Die Videoaufnahmen sind Ihr Privateigentum. Nach Abschluss der Beratung werden die Aufzeichnungen gelöscht. Auf Wunsch und gegen Erstattung der Kosten für einen Datenträger können Sie eine Kopie der Aufnahme erhalten.

Ohne Ihre Erlaubnis werden keine Kopien Ihres/Ihrer Videos erstellt oder behalten.

_____

Ort, Datum

_____

Unterschrift der Eltern

_____

Unterschrift des/der Beraters/Beraterin

Mustervereinbarung über die Überlassung von Videobildern als Lehrmaterial (Beispiel)

Einverständniserklärung

Hiermit erkläre ich mich bereit, die von ....
zusammengestellten Videoclips aus der Beratung wegen

....

zu Ausbildungs- und Lehrzwecken zur Verfügung zu stellen. Mir wurde zugesichert, dass die o. g. Videoclips ausschließlich anonymisiert genutzt werden.

_____   _____
Ort, Datum   Unterschrift

Literatur

Aarts, J. (2007). Marte-Meo-Methode für Schulen. Entwicklungsfördernde Kommunikationsstile von Lehrern. Förderung der Schulfähigkeit von Kindern. Eindhoven: Aarts Productions.
Aarts, M. (2005). Von der Botschaft hinter den Problemen. In: Hawellek, C. Schlippe, A. von (Hrsg.), Entwicklung unterstützen – Unterstützung entwickeln. Systemisches Coaching nach dem Marte-Meo-Modell. Göttingen: Vandenhoeck & Ruprecht.
Aarts, M. (2009). Marte Meo. Ein Handbuch. Eindhoven: Aarts Productions.
Aarts, M., Rausch, H. (2009). Marte Meo Kommunikationstraining. Mir fällt nix ein. Eindhoven: Aarts Productions.
Aarts, M., Schwing, R. (2009). Neue Blickwinkel. Paarberatung: Marte Meo und systemische Therapie. DVD Eindhoven: Aarts Productions.
Andersen, T. (Hrsg.) (1990). Das reflektierende Team. Dortmund: Modernes lernen.
Antonovsky, A. (1997). Salutogenese. Zur Entmystifizierung der Gesundheit. Tübingen: DGVT.
Bandura, A. (1979). Sozial-Kognitive Lerntheorie. Stuttgart: Klett-Cotta.
Bateson, G. (1985). Die Wissenschaft von Geist und Ordnung. In: Bateson, G., Ökologie des Geistes (S. 15–28). Frankfurt a. M.: Suhrkamp.
Bauer, J. (2009). Warum ich fühle, was du fühlst. Intuitive Kommunikation und das Geheimnis der Spiegelneurone. München: Heyne.
Berger, P., Luckmann, T. (1972). Die gesellschaftliche Konstruktion der Wirklichkeit. Eine Theorie der Wissenssoziologie. Stuttgart: Klett-Cotta.
Bloch, E. (1970). Das Prinzip Hoffnung (Bd. 1). Frankfurt a. M.: Suhrkamp.
Boeckhorst, F. (1994). Narrative Systemtherapie. Systhema, 8 (2), 22–28.
Bowlby, J. (1975). Bindung. Eine Analyse der Mutter-Kind-Beziehung. München: Kindler.
Buber, M. (1969). Reden über Erziehung. Heidelberg: Lambert Schneider.
Bünder, P. (2011). Entwicklungsförderung von Risikokindern und ihren Eltern mit Hilfe von Videoberatung nach der Marte-Meo-Methode. Praxis der Kinderpsychologie und Kinderpsychiatrie, 60, 333–350.
Bünder, P., Sirringhaus-Bünder, A., Helfer, A. (2009). Lehrbuch der Marte-Meo-Methode. Entwicklungsförderung mit Videounterstützung. Göttingen: Vandenhoeck & Ruprecht.
Cecchin, G. (1988). Zum gegenwärtigen Stand von Hypothetisieren, Zirkularität und Neutralität – eine Einladung zur Neugier. Familiendynamik, 13 (3).
Dornes, M. (1997). Der kompetente Säugling. Frankfurt a. M.: Fischer.

Downing, G., Ziegenhain, U. (2001). Besonderheiten der Beratung und Therapie bei jugendlichen Müttern und deren Säuglingen. Die Bedeutung von Bindungstheorie und videogestützter Intervention. In: Suess, G., Scheuerer-Englisch, H., Pfeifer, W.-K. (Hrsg.), Bindungstheorie und Familiendynamik. Anwendung der Bindungstheorie in Beratung und Therapie. Gießen: Psychosozial-Verlag.

Dulz, B., Schneider, A. (2001). Borderline-Störungen. Theorie und Therapie. Stuttgart, New York: Schattauer.

Feer, H. (1986). Probleme der psychiatrischen Fachsprache. Integrative Therapie, 4/86, 342–363.

Ferenczi, S. (1988). Ohne Sympathie keine Heilung. Frankfurt a. M.: Fischer.

Foerster, H. von (1992/2009). Entdecken oder Erfinden. Wie lässt sich Verstehen verstehen? In: Gumin, H., Meier H. (Hrsg.), Einführung in den Konstruktivismus (S. 41–89). München, Zürich: Piper.

Fraiberg, S., Adelson, E., Shapiro, V. (1975). Ghosts in nursery. Journal of the American Society of Child Psychiatry, 14.

Fürstenau, P. (1994). Entwicklungsförderung durch Therapie. Grundlagen psychoanalytisch-systemischer Therapie. München: Pfeiffer.

Grawe, K. (1995). Abschied von den psychotherapeutischen Schulen. Integrative Therapie, 21 (1) 84–89.

Grossmann, K., Grossmann, K. E. (2004). Bindungen. Das Gefüge psychischer Sicherheit. Stuttgart: Klett-Cotta.

Hawellek, C. (1989). Gestalttherapie/Integrative Therapie und Experiment. Methodologische und wissenschaftstheoretische Überlegungen. Gestalttherapie und Integration, 2/1988 + 1/1989.

Hawellek, C. (1992). Das Konzept der Grenzen. Zur Bedeutung eines Arbeitsbegriffs in Theorie und Praxis der Therapie mit Kindern und Familien. Frankfurt a. M.: Peter Lang.

Hawellek, C. (1995). Das Mikroskop des Therapeuten. Systhema, 1, 6–28.

Hawellek, C. (1997). Von der Kraft der Bilder. Systhema, 2, 125–135.

Hawellek, C. (2005). Ein-Sichten. Marte Meo in der Erziehungs- und Familienberatung. In: Hawellek, C., Schlippe, A. von (Hrsg.), Entwicklung unterstützen – Unterstützung entwickeln. Systemisches Coaching nach dem Marte-Meo-Modell. Göttingen: Vandenhoeck & Ruprecht.

Hawellek, C, (2007). »Kleine Monster«. Marte-Meo-Elterncoaching mit Eltern von Babys und Kleinkindern. In: Tsirigotis, C., Schlippe, A. von, Schweitzer-Rothers, J. (Hrsg.), Coaching für Eltern. Mütter, Väter und ihr »Job«. Heidelberg: Carl Auer.

Hawellek, C. (2011). »Sich beobachten heißt sich verändern.« Zu den Grundlagen videobasierter Beratungsarbeit. In: Schindler, H., Loth, W., Schlippe, J. von (Hrsg.), Systemische Horizonte (S. 167–177). Göttingen: Vandenhoeck & Ruprecht.

Hawellek, C., Rolfes, W. (2004). Frühe Erziehungsberatung. In: LAG (Landesarbeitsgemeinschaft für Erziehungsberatung) Hessen (Hrsg.), EB-Kurier 2005: Frankfurt a. M.

Hawellek, C., Meyer zu Gellenbeck, K. (2005). Die »Kunst der kleinen Schritte«. Marte Meo: Ein Modell und eine Methode sozialer Intervention. In: Hawellek, C. Schlippe, A. von (Hrsg.), Entwicklung unterstützen – Unterstützung entwickeln. Systemisches Coaching nach dem Marte-Meo-Modell. Göttingen: Vandenhoeck & Ruprecht.

Hawellek, C., Schlippe, A. von (Hrsg.) (2005). Entwicklung unterstützen – Unterstützung entwickeln. Systemisches Coaching nach dem Marte-Meo-Modell. Göttingen: Vandenhoeck & Ruprecht.

Hawellek, C., Schlippe, A. von (2008). »Good Enough«-Counseling. In: Borke, J., Eickhorst, A. (Hrsg.), Systemische Entwicklungsberatung in der frühen Kindheit. Wien: Facultas.

Hedenbro, M., Liden, A. (2005). Die Elternbeziehung als Basis für das Kind. Ein systemischer Blick auf die Marte-Meo-Familienberatung. In: Hawellek, C., Schlippe, A. von (Hrsg.), Entwicklung unterstützen – Unterstützung entwickeln. Systemisches Coaching nach dem Marte-Meo-Modell. Göttingen: Vandenhoeck & Ruprecht.

Hüther, G. (2004). Die Macht der inneren Bilder. Wie Visionen das Gehirn, die Menschen und die Welt verändern. Göttingen: Vandenhoeck & Ruprecht.

Isager, M. (2010). Marte Meo konkret. Entwickungs- und Sprachförderung in Beispielen. Münster: Edition Octopus.

Jonas, H. (1984). Das Prinzip Verantwortung. Versuch einer Ethik für die technologische Zivilisation. Frankfurt a. M.: Suhrkamp.

Keckeisen, W. (1974). Die gesellschaftliche Definition abweichenden Verhaltens. München: Juventa.

Keller, H. (2001). Frühkindliche Sozialisationskontexte. Ein Vorschlag zur Spezifikation elterlicher Investitionen in ihre Kinder. In: Schlippe, A. von, Lösche, G., Hawellek, C. (Hrsg.), Frühkindliche Lebenswelten und Erziehungsberatung. Die Chancen des Anfangs. Münster: Votum.

Kohut, H. (1976). Narzissmus. Frankfurt a. M.: Fischer.

Kriz, J. (1997). Systemtheorie. Eine Einführung für Psychotherapeuten, Psychologen und Mediziner. Wien: Facultas.

Kriz, J. (1998). Die Effektivität des Menschlichen. Argumente aus einer systemischen Perspektive. Gestalt-Theory, 20, 131–142.

Kriz, J. (2004). Personzentrierte Systemtheorie – Grundfragen und Kernaspekte. In: Schlippe, A. von, Kriz, C. W. (Hrsg.), Personzentrierung und Systemtheorie. Perspektiven für psychotherapeutisches Handeln (S. 13–67). Göttingen: Vandenhoeck & Ruprecht.

Kriz, J. (2005). Schöpferisches Chaos in der Psychotherapie. Systems, 19/1, 20–45.

Laplanche, J., Pontalis, J.-B. (1973). Das Vokabular der Psychoanalyse. Frankfurt a. M.: Suhrkamp.

Ludewig, K. (1992). Systemische Therapie. Stuttgart: Klett-Cotta.

Luhmann, N. (1985). Soziale Systeme. Frankfurt a. M.: Suhrkamp.

Maslow, A. (1973). Psychologie des Seins. München: Kindler.

Miller, S., Miller, P. (1972). Core communication. Skills and processes. Evergreen CO: Interpersonal Communication Programs, Inc. (ICP).

Minuchin, S. (1981). Familie und Familientherapie. Freiburg: Lambertus.
Omer, H., Schlippe, A. von (2002). Autorität ohne Gewalt. Coaching für Eltern von Kindern mit Verhaltensproblemen. »Elterliche Präsenz« als systemisches Konzept. Göttingen: Vandenhoeck & Ruprecht.
Omer, H., Schlippe, A. von (2004). Autorität durch Beziehung. Die Praxis des gewaltlosen Widerstandes in der Erziehung. Göttingen: Vandenhoeck & Ruprecht.
Omer, H., Alon, A., Schlippe, A. von (2007). Feindbilder. Psychologie der Dämonisierung. Göttingen: Vandenhoeck & Ruprecht.
Øvreheide, H., Hafstad, R. (1996). The Marte Meo Method and developmental supportive dialogues. Harderwijk: Aarts Productions.
Papoušek, M. (2001). Intuitive elterliche Kompetenzen. Frühe Kindheit, 4, 4–10.
Papoušek, M., Schieche, M., Wurmser, H. (2004). Regulationsstörungen der frühen Kindheit. Frühe Risiken und Hilfen im Entwicklungskontext der frühen Eltern-Kind-Beziehung (2. Aufl.). Bern: Huber.
Perls, F. (1982). Grundlagen der Gestalt-Therapie. Pfeiffer: München.
Petzold, H. G. (1978). Das Ko-respondenzmodell in der Integrativen Agogik. Integrative Therapie 1/78.
Petzold, H. G. (1986). Konfluenz, Kontakt, Begegnung und Beziehung im Ko-respondenzprozeß der Integrativen Therapie. Integrative Therapie, 4 320–341.
Petzold, H. G. (1993). Frühe Schädigungen – späte Folgen? Psychotherapie und Babyforschung (Bd. 1). Paderborn: Junfermann.
Petzold, H. G. (1995). Die Kraft liebevoller Blicke. Psychotherapie und Babyforschung (Bd. 2). Paderborn: Junfermann.
Petzold, H. G., Sieper, J. (1988/1989). Die Spirale. Das Symbol des »Heraklitischen Weges« in der Integrativen Therapie. Gestalttherapie und Integration, 8,2/9,1, 5–33.
Proyer, R., Ruch, W. (2006). Kreativität und gutes Leben im Alter. Erkenntnisse der Positiven Psychologie. Manuskript, Institut für Psychologie, Universität Zürich.
Pschyrembel Klinisches Wörterbuch (1990). 256. Auflage. Berlin, New York: de Gruyter.
Rausch, H. (2011). Die Kraft der Bilder nutzen. Erfahrungen einer Marte-Meo-Therapeutin in der Arbeit mit Kindern und Jugendlichen. Familiendynamik, 3, 256–258.
Riemann, F. (1972). Entwicklungsgeschichtliche Voraussetzungen mitmenschlicher Beziehungen. In: Rohner, P. (Hrsg.), Verständnis für den anderen. München: Pfeiffer.
Riemann, F. (1978). Grundformen der Angst. München, Basel: Reinhardt.
Rogers, C. R. (1972). Die nicht-direktive Beratung. München: Kindler.
Rogers, C. R. (1973). Die klientenzentrierte Gesprächstherapie. München: Kindler.
Sacks, O. (1996). Der Mann, der seine Frau mit einem Hut verwechselte. Reinbek: Rowohlt.

Schlippe, A. von (2003). Grundlagen systemischer Beratung. In: Zander, B., Knorr, M. (Hrsg.), Systemische Arbeit in der Erziehungsberatung. Göttingen: Vandenhoeck & Ruprecht.

Schlippe, A. von, Hawellek, C. (2005). Entwicklung unterstützen und Unterstützung entwickeln. In: Hawellek, C., Schlippe, A. von (Hrsg.), Entwicklung unterstützen – Unterstützung entwickeln. Systemisches Coaching nach dem Marte-Meo-Modell (S. 17–34). Göttingen: Vandenhoeck & Ruprecht.

Schlippe, A. von, Schweitzer, J. (2009). Systemische Interventionen. Göttingen: Vandenhoeck & Ruprecht.

Seligman, M. (2003). Der Glücks-Faktor. Warum Optimisten länger leben. Bergisch-Gladbach: Ehrenwirth.

Simon, F., Weber, G. (1993). Systemische Spieltherapie. Familiendynamik, 18 (1), 73–81.

Sirringhaus-Bünder, A., Hawellek, C., Bünder, P., Aarts, M. (2001). Die Kraft entwicklungsfördernder Dialoge. Das Marte-Meo-Modell im Praxisfeld Erziehungsberatung. In: Schlippe, A. von, Lösche, G., Hawellek, C. (Hrsg.). Frühkindliche Lebenswelten und Erziehungsberatung. Die Chancen des Anfangs. Münster: Votum.

Stern, D. (1992). Die Lebenserfahrung des Säuglings. Stuttgart: Klett-Cotta.

Stern, D. (1995). Die Repräsentation von Beziehungsmustern. Entwicklungspsychologische Betrachtungen. In: Petzold, H. G. (Hrsg.), Die Kraft liebevoller Blicke. Psychotherapie und Babyforschung, Bd. 2. Paderborn: Junfermann.

Stern, D. (1996). Die Bedeutung der Kinderbeobachtung für die klinische Theorie und Praxis. Kongressvortrag. World of Psychotherapy, Wien.

Stern, D. (1998). Die Mutterschaftskonstellation. Stuttgart: Klett-Cotta.

Stern, D. (2010). Der Gegenwartsmoment. Veränderungsprozesse in Psychoanalyse, Psychotherapie und Alltag. Frankfurt a. M.: Brandes und Apsel.

Stern, D. (2011). Ausdrucksformen der Vitalität. Frankfurt a. M.: Brandes und Apsel.

Stierlin, H. (1980). Eltern und Kinder. Das Drama von Trennung und Versöhnung im Jugendalter. Frankfurt a. M.: Suhrkamp.

Watzlawick, P. (2009). Wirklichkeitsanpassung oder angepasste »Wirklichkeit«? Konstruktivismus und Psychotherapie. In: Gumin, H., Meier, M. (Hrsg.), Einführung in den Konstruktivismus (S. 89–107). München: Piper.

Watzlawick, P., Beavin, J. H., Jackson, D. D. (1974). Menschliche Kommunikation. Bern, Stuttgart, Wien: Huber.

Welter-Enderlin, R., Hildenbrandt, B. (1998). Gefühle und Systeme. Heidelberg: Carl Auer.

Winnicott, D. W. (1994). Die menschliche Natur. Stuttgart: Klett-Cotta.

Zentner, M. (1993). Passung: Eine neue Sichtweise psychischer Entwicklung. In: Petzold, H. G. (Hrsg.), Frühe Schädigungen – späte Folgen? Psychotherapie und Babyforschung.

Webadressen

www.norddeutsches-marte-meo-institut.de
www.martemeo.com
www.martemeobewegung.de
www.martemeo.ch
www.martemeo-deutschland.de

Entwicklung aus eigener Kraft   V&R

Christian Hawellek /
Arist von Schlippe (Hg.)
**Entwicklung unterstützen
– Unterstützung entwickeln**
Systemisches Coaching nach dem
Marte-Meo-Modell
2. Auflage 2011. 263 Seiten mit 32 Abb.
und 8 Tab., kartoniert
ISBN 978-3-525-46227-0

Marte meo (lateinisch sinngemäß »auf eigene Faust«) bedeutet soviel wie »aus eigener Kraft etwas erreichen«. Dieses Motto beschreibt die Grundidee des Arbeitsmodells psychosozialer Prävention und Intervention, das Maria Aarts in den Niederlanden entwickelt hat. Es basiert auf der Annahme, dass Eltern über ein breites Repertoire intuitiver Verhaltensweisen verfügen, die es ihnen ermöglichen, die Entwicklung ihrer Kinder auf natürliche Weise zu unterstützen und zu fördern. In der Marte-Meo-Beratung lernen sie, diese Fähigkeiten und Ressourcen zu erkennen, zu nutzen und so die Kommunikationsprozesse mit den Kindern zu verbessern. Videoaufnahmen vom Kind und seinen Beziehungspersonen liefern nicht nur konkrete Hinweise über die individuellen Entwicklungsanforderungen, die ein Kind stellt, sondern auch Informationen über die Art und Wirkung entwicklungsfördernder Kommunikationsweisen von Eltern, Betreuerinnen und Betreuern.

Das Marte-Meo-Konzept wird weltweit in vielen Ländern erfolgreich eingesetzt. Die Beiträge dieses Bandes gewähren Einblicke in seine vielfältigen Anwendungsfelder und die Arbeits- und Forschungsgebiete von Expertinnen und Experten aus sechs Ländern Europas.

Vandenhoeck & Ruprecht